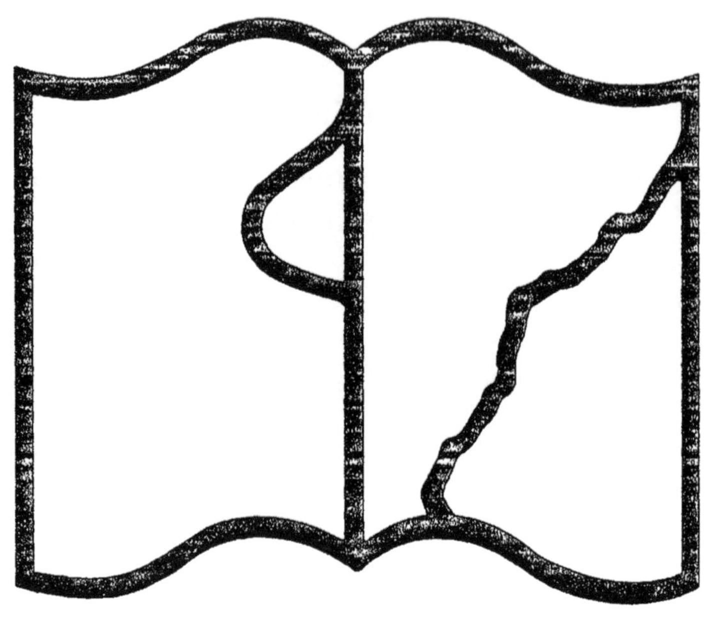

Symbole applicable
pour tout, ou partie
des documents microfilmés

Texte détérioré — reliure défectueuse

NF Z 43-120-11

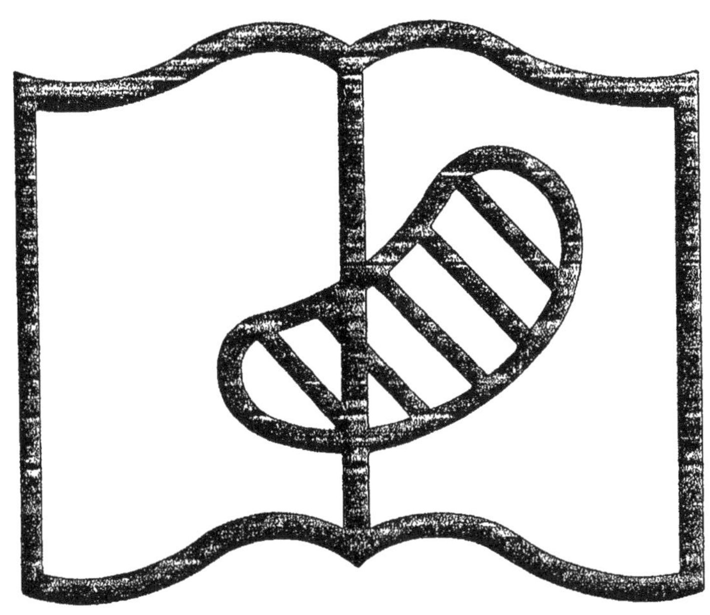

Symbole applicable
pour tout, ou partie
des documents microfilmés

Original illisible

NF Z 43-120-10

GRANDE PROSTITUÉE

(DOSSIER DE LA MAGISTRATURE)

Par E. ODIN

PARIS

DANS TOUTES LES BONNES LIBRAIRIES

DÉPOTS PRINCIPAUX

CHEZ L'AUTEUR, 18, RUE RICHOMME

ET

BOURBIER, 11, RUE DU CROISSANT

Paris. — Imprimerie spéciale *Au Voleur!* E. Odin, 7, rue Jeanne.

LA GRANDE PROSTITUÉE

La GRANDE PROSTITUÉE

(DOSSIER DE LA MAGISTRATURE)

Par E. ODIN

PARIS

DANS TOUTES LES BONNES LIBRAIRIES

DÉPOTS PRINCIPAUX

CHEZ L'AUTEUR, 18, RUE RICHOMME

ET

BOURBIER, 11, RUE DU CROISSANT

CE LIVRE EST DÉDIÉ

AU DÉPUTÉ RESTÉ HONNÈTE QUI AURA LE COURAGE

DE SIGNALER A LA TRIBUNE FRANÇAISE

L'INFAMIE DE CERTAINS MAGISTRATS

DONT NOUS AVONS

DANS CE LIVRE

ARRACHÉ LES MASQUES

E. ODIN.

ERRATA

Comme dans tous les ouvrages imprimés à la hâte, il s'est glissé dans celui-ci quelques coquilles, et quelques phrases sont dénaturées.

Page 24, dernière ligne, — lire à la cour de *Pau* au lieu de *Paris*.

Page 60, ligne 21, — lire Rossel *Liovet* au lieu de *Lion et*.

Page 77, ligne 2 annexe, — lire *qu'il ne m'est* au lieu de *qu'il n'est*.

Page 183, ligne 23, — lire *six* jours après, au lieu de *dix*.

Avant-Propos

Comme la plupart de mes contemporains, j'ai cru.

J'ai cru et j'ai aimé tout ce que les beaux livres et les savants professeurs nous apprennent à aimer et à croire.

Aujourd'hui, mes illusions mortes jonchent la terre comme les feuilles jaunies détachées des arbres par le vent d'automne.

Je ne crois plus et je hais, je ne crois plus, parce que, enfant encore, j'ai vu ceux qui nous enseignaient à croire, trafiquer des croyances naïves des foules pour vivre aux dépens des simples. J'ai vu les représentants de la divinité, cruels, voleurs, traîtres, escrocs, se vautrer dans toutes les boues, se faire complices de toutes les infamies des puissants.

Il m'était resté, malgré la croyance disparue, un espoir : à défaut de la justice divine que je n'avais rencontrée nulle part, la justice des hommes m'était apparue dans le rayonnement d'un prétoire, et dans mon adolescence incrédule, j'avais le vague désir de mettre au-dessus de tout, la justice des hommes, qui punit les mauvais; ici-bas les bons n'ont pas à chercher d'autre récompense que la satisfaction du cœur qui nous dit que nous avons accompli un devoir.

J'ai cru à la justice de la loi qui frappe, j'ai cru à l'intégrité des hommes qui font et appliquent les lois, j'ai cru au sacerdoce du juge, comme j'avais cru en l'existence de la divinité que les hommes d'église m'avaient dit exister dans la splendeur des cieux, mais.....

J'ai vu des juges vendre la justice, j'ai vu des magistrats violer les lois, j'ai vu, sous le grand christ blafard et pâle qui orne les salles où se tripotent les affaires de la justice, des hommes rouges, trafiquer en riant de la vie et de l'honneur des accusés.

J'ai vu mille infamies commises et la justice des hommes comme la justice divine se faire les complices de tous les bandits de marque, soutenir tous les privilégiés, approuver tous les coquins riches et titrés.

J'ai vu des hommes qui m'avaient semblé sacrés, mettre au service de ceux qui peuvent payer, leur conscience vénale, les lois et les codes qu'ils sont chargés de faire aimer et respecter.

J'ai vu tout cela; ma dernière croyance est partie, ma dernière illusion m'a quitté.

J'ai encore une foi, une croyance et un amour.

Cette foi n'a rien de commun avec la foi de mon enfance.

J'ai foi en l'avenir de l'humanité. Je crois en l'éternelle justice qui jette les peuples écrasés et meurtris contre le pouvoir, quand une dernière infamie a fait déborder le vase où tombent goutte à goutte toutes les amertumes des peuples opprimés.

J'ai l'amour de la grande humanité, aujourd'hui ignorante et inconsciente du mal qu'on lui fait, demain consciente et forte, se dressant formidable contre les hontes et les turpitudes des privilégiés, et poussant vers l'égout une société où le vol, la concussion, la fraude, la filouterie sont les vertus qu'étalent au grand jour les maîtres et les pasteurs des peuples.

Dans le grand combat engagé entre ce qui est aujourd'hui et ce que nous voulons pour demain, tous les concours sont utiles, chacun de nous se doit à ce qui lui semble la vérité.

Et puisque nous avons trouvé sur les robes rouges et noires des juges des traces de larmes et de sang qu'ils ont fait verser, puisque chacun peut y voir comme nous la boue et la fange où ils se sont complu à les traîner, nous allons, à défaut d'autres châtiments, arracher quelques masques, fouetter quelques juges, montrer au peuple que, sous la toge et la simarre, il y a un homme accessible à toutes les platitudes, à toutes les vénalités, à toutes les bassesses, pourvu que l'on veuille bien y mettre le prix.

Hérodote nous raconte qu'un roi de Perse, nommé Cambyse, ayant appris qu'un juge avait forfait, le fit écorcher vif et de sa peau fit tapisser le siège où son successeur devait s'asseoir, afin de rappeler que, plus la charge était glorieuse, plus le châtiment était épouvantable pour celui qui avait trafiqué du mandat qui lui était confié.

Si un gouvernement essayait de renouveler les procédés de Cambyse, nous craignons fort qu'il ne trouve pas dans toute la magistrature française un juge pour s'asseoir sur les fauteuils de ceux qu'il aurait fait écorcher vifs.

Mais, dira-t-on, il y a des juges intègres, il y a encore des magistrats consciencieux ?

Oui, quand ils entrent dans la magistrature, ils ont peut-être le plus vif désir de rester honnêtes, d'être des juges véritables, de rendre et non de vendre la justice, de rendre des arrêts et non des services, mais ils se pourrissent au contact des autres, tels quelques fruits sains que l'on mettrait dans un tonneau de fruits gâtés.

Il y a les vieux routiers de la profession qui savent faire comprendre aux jeunes qu'il est des capitulations nécessaires, que le gouvernement, et non les justiciables, est le grand dispensateur des faveurs et des récompenses.

Daguesseau et Montesquieu entreraient dans la magistrature aujourd'hui qu'ils devraient se corrompre comme les autres.

Demandez à Cazot qui fut ministre de la justice, chef suprême de la magistrature française, premier président de la cour de cassation, aujourd'hui encore sénateur, où est passé l'argent des actionnaires du chemin de fer d'Alais au Rhône.

Demandez à Toutée, gendre de madame Emile, comment celle-ci a gagné la dot qui a fait sa fortune et sa situation, à lui, Toutée, président de la neuvième chambre, chargé de juger et de condamner les filles, les vagabonds, les va-nu-pieds et même les journalistes.

Demandez-lui si quelquefois la coiffure des souteneurs qu'il est chargé de condamner, ne lui rappelle pas vaguement l'origine de sa grandeur et de sa richesse.

Demandez à Mérillon, ex-député de Bordeaux, blackboulé en 1889, quels services il a rendus ou doit rendre pour qu'on l'ait bombardé procureur de la République.

Demandez à Quesnay de Beaurepaire, procureur général, pourquoi il a reçu les hautes récompenses qui ornent sa poitrine.

Demandez au juge d'instruction Prinet pourquoi certaines affaires, le Panama entre autres, qu'il est chargé d'instruire, ne reçoivent jamais de solution.

Demandez...

Ah! tenez, il m'en vient des nausées de remuer toute cette immondice; demandez à tous; à tous, vous entendez bien, comment ils ont obtenu les situations qu'ils occupent, comment ils ont rempli leurs mandats, comment ils entendent l'exercice de la justice, comment ils rêvent l'application des codes et des lois, et si un seul ne doit pas son emploi à des influences politiques, si un seul a toujours agi en magistrat intègre, si un seul a toujours appliqué les lois dans leur esprit et dans la lettre, nous irons faire amende honorable, la corde au cou, aux pieds de M. Q. de Beaurepaire l'intègre, ayant à ses côtés, Toutée le scrupuleux, et Prinet l'incorruptible.

Maintenant, il est des destructions nécessaires.

Sortie de la route qui lui était tracée, le rôle de la magistrature, instituée par l'autorité gouvernementale, est fini, elle doit disparaître comme sont disparues les vieilles institutions que la civilisation a rendues inutiles, son rôle est néfaste, ses actions, sa vénalité la déshonorent. La grande Prostituée de tous les régimes politiques salit, gâte et souille tout ce qu'elle touche. Il nous faut tuer la bête pour échapper au venin, supprimer la fille pour tuer la prostitution.

Il est certaines besognes malpropres que l'on doit faire dans l'intérêt de la salubrité et de l'hygiène; nous allons étaler aux yeux du public, le chancre qui ronge le flanc de la société ; c'est sale, c'est malpropre, ça pue, les délicats se boucheront le nez, nous-même devrons prendre parfois des pincettes.

Une dernière gorgée d'air pur, un salut aux amis qui nous suivent et........... nous entrons dans le cloaque.

E. ODIN.

LA
GRANDE PROSTITUÉE

(DOSSIER DE LA MAGISTRATURE)

UN SCANDALE JUDICIAIRE

**Affaire Pagot. — Coups de feu sur un avoué. — Scandale
au tribunal. — A la Chambre.**

Le 29 décembre 1883, un vieillard, nommé Pagot, se
présentait chez un avoué, M. Benoit-Lucy (1), et lui
logeait deux balles dans le corps.

Ce n'était rien, rien qu'une victime qui se faisait
justice.

Voici les raisons qui avaient motivé cet acte.

Des époux Lejeune avaient confié à Pagot, homme
d'affaires, des créances à recouvrer; celui-ci versait
l'argent aussi régulièrement qu'il le touchait, et
comme il vivait presque dans l'intimité des époux Lejeune, il ne réclamait même pas de reçu (2)

Un jour arriva où les relations entre les époux Pagot

(1) M. Benoit-Lucy est aujourd'hui employé au contentieux
du Crédit foncier.

(2) Dans les notes que nous avons sous les yeux, madame Lejeune présente Pagot à une dame Champ, sa parente, et au curé
de Port-Marly, en disant : « M. Pagot, un homme d'affaires, qui
ne mange pas l'argent; M. Pagot nous remet des fonds en déjeu-
nant. Nous ne lui donnons pas de reçu, nous sommes d'honnêtes
gens. »

1.

et les époux Lejeune cessèrent d'être cordiales; le 5 septembre 1878, madame Lejeune, sous le couvert de son mari, fait signifier à Pagot d'avoir à produire ses comptes; puis, le 11 novembre, elle le fait assigner devant le tribunal de la Seine et lui demande, outre ses comptes, six mille francs de dommages-intérêts.

Pagot offre de payer 927 francs qu'il reconnaît devoir et demande qu'un expert soit nommé pour vérifier la comptabilité.

Madame Lejeune et M. Benoit-Lucy, son avoué, allèrent très souvent chez l'expert et, en 1881, le 12 avril, près de trois années après le début du procès, M. Rincé, l'expert, dépose au greffe du tribunal de la Seine, un rapport duquel il résulte que Pagot est débiteur envers Lejeune d'une somme de quatre mille quatre cent soixante-dix-huit francs.

Chose étrange, cet expert, aujourd'hui décédé, n'avait même pas songé à requérir communication des livres des époux Lejeune, bien que ceux-ci fussent commerçants. Si les époux Lejeune avaient produit leurs livres, ou si l'expert avait requis cette production, le procès eût été terminé.

Mais là commençaient les complicités.

En présence des singulières conclusions de l'expert, Pagot demanda au tribunal de faire interroger Lejeune sur faits et articles.

Jusque-là, sa femme, seule, s'était occupée de l'affaire avec l'avoué Benoit-Lucy. Pagot avait foi en la probité de Lejeune.

Celui-ci, à toutes les questions qui lui furent posées, répondit : « Je ne sais pas.... j'ignore si cette dame ou ce monsieur ont payé, ils doivent avoir une quittance. Si M. Pagot m'a versé de l'argent, je lui ai donné un reçu. »

Et c'est sur ces réponses vagues que le tribunal, présidé par M. Perrot de Chezelles, vice-président, condamna Pagot à payer :

1° Trois mille cinq cent cinquante et un francs quinze centimes, solde restant, déduction faite des neuf cent vingt-sept francs offerts et payés par Pagot ;

2° Les intérêts de cette somme depuis le 5 septembre 1878 ;

3° Trois cents francs à titre de dommages-intérêts ;

4° Les dépens et les frais.

Le tribunal ordonna en outre l'exécution provisoire du jugement.

Et Pagot ne devait rien. Alors cet homme commença une lutte homérique afin d'obtenir justice.

Voici qu'entre en scène une demoiselle Adèle Poirier, femme de confiance et caissière chez les époux Lejeune.

Pendant le procès, Pagot avait soutenu que six créances, qui lui étaient réclamées, avaient été payées à cette personne.

Une fois condamné, Pagot fit adresser à Adèle Poirier une sommation par huissier, d'avoir à rembourser les sommes versées entre ses mains.

Cette personne fit répondre, par ministère d'huissier également, « qu'elle n'a jamais reçu les sommes énoncées dans ladite citation ; que la réclamation de Pagot n'est qu'un subterfuge imaginé pour faire échec aux condamnations prononcées contre lui. »

Pagot fit rechercher des créanciers, trouva quelques preuves éclatantes de son innocence et, le 25 novembre 1882, il se rend à l'audience de la troisième chambre et crie aux juges :

« Il est donc bien difficile, en France, d'obtenir justice. Je viens ici remplir un devoir de bon citoyen, en criant : « Aux voleurs ! »

Puis en même temps, il lance sur le bureau du président ce long opuscule qu'il avait fait autographier et distribuer à un certain nombre d'exemplaires (1). Ce fut cette algarade qui le sauva.

(1) *Lettre d'un Français à M. Perrot de Chezelles, président de la troisième chambre du Tribunal civil de la Seine.*

« Le 10 mai 1881, je fis remettre à votre domicile particulier une lettre dans laquelle je vous disais de m'entendre avant de prononcer un jugement. Je vous donnais assez d'explications pour faire naître dans votre esprit la conviction de mon innocence.

« Vous avez encore reçu une autre lettre.

« Vous n'avez répondu ni à l'une ni à l'autre, et le 25 mai 1881 vous avez rendu un jugement signé de vous, de MM. Monsarrat et Taillefer, juges, Cosmnoy, substitut, qui m'a condamné à payer ce que je ne dois absolument pas et que mon adversaire a reçu et a nié en mentant à la justice, à des dommages et intérêts envers cet adversaire et vous avez ordonné l'exécution provisoire.

« Ce jugement est tout simplement une infamie. Vous avez donné la consécration légale à un vol commis à mon préjudice.

« Moi aussi, j'ai été jugé! Si jamais j'avais reçu une lettre comme celle que je vous ai écrite, ma conscience aurait eu un de ces assauts que la vôtre ne connaît pas.

« Vous n'avez pas lu les pièces qui vous ont été remises le 4 mai, et vous avez, en outre, édicté une peine qui n'est autre que la mort morale, l'exécution provisoire!

Un article du code punit le délit commis par Pagot. Arrêté séance tenante, celui-ci fut écroué au dépôt

« Quand un criminel de la pire espèce est condamné à la peine capitale, le Président de la République lui fait grâce.

« Vous, vous avez mis aux mains de mon adversaire, celui qui me vole sous votre protection, une arme dont il a déjà su bien user, puisqu'il a donné l'ordre aux huissiers de saisir jusqu'au linge de ma femme, de mes enfants.

« Savez-vous que c'est la femme de mon adversaire, aujourd'hui veuve Lejeune, qui a donné à ma femme les renseignements qui l'ont décidée à se marier avec moi ? et c'est cette veuve qui a donné l'ordre aux huissiers de tout saisir.

« Cette veuve a deux conseils : MM. Benoit-Lucy, avoué, et Lacoin, avocat. Ont-ils assez bien parlé pour obscurcir la cause et m'écraser? J'ai prévenu M. Benoit-Lucy. Il a fait comme vous, il n'a pas répondu.

« J'ai prévenu M. Cazot, ministre de la justice; il m'a fait répondre que cela ne le regardait pas.

« Je me suis adressé au président du conseil des ministres... Comme vous, pas de réponse.

« Je m'inspire donc de ma parfaite innocence et de l'indignation que vous m'avez mise au cœur.

« Je livre cette lettre à la publicité pour que vous sachiez bien que, lorsque les ministres ne vous contrôlent pas, qu'il y a quelqu'un de plus grand qu'eux qui vous contrôle, qui? Les contribuables, ceux qui suent pour vous payer.

« Vous avez été juge aveugle et sourd. Vous m'avez traité, non comme un Français, mais comme un chef de chiourme traiterait un forçat.

« Je crois, malgré vous, que les juges de France méritent la confiance que le meunier de Sans-Souci avait dans les siens.

« Je vous donne donc rendez-vous devant ces juges de France et devant l'opinion publique.

« Vous vous rappellerez alors que le procès que m'ont intenté les époux Lejeune, ex-photographes, propriétaires du château de Monte-Cristo, à Port-Marly (Seine-et-Oise), millionnaires, de-

de la préfecture et, le soir même, interrogé par M. Guillot, juge d'instruction (1).

Que se passa-t-il? Quelles preuves frappantes de son innocence Pagot montra-t-il au juge d'instruction? Nul ne l'a dit; mais il nous est permis de croire que ses preuves étaient irréfutables puisque, le lendemain, Pagot était remis en liberté et il ne fut pas poursuivi. Bien mieux, quelque temps après, le président Perrot de Chezelles fut mis à la retraite.

M. Guillot fit citer des témoins, la caissière Adèle Poirier, entre autres, il fit visiter la comptabilité et l'on constata enfin que Pagot avait raison.

mandait un peu plus d'attention et d'équité de votre part, et vous n'accorderez plus si facilement créance à un expert qui eût mieux été à l'hôpital qu'à aider à égarer votre justice, qui s'y est prêtée de si bonne grâce.

« Pour vous édifier, je vous soumettrai, quand vous voudrez les lire, les pièces que vous n'avez pas lues et d'autres que je me suis procurées, non sans peine, pour démasquer le vol et la fausseté de votre jugement.

« J'ai l'honneur de vous saluer.

« Votre serviteur,

« PAGOT,

« Receveur de rentes, 20, rue Rossini. »

(1) « Lorsqu'un ou plusieurs magistrats de l'ordre administratif ou judiciaire, lorsqu'un ou plusieurs jurés auront reçu dans l'exercice de leurs fonctions, ou à l'occasion de cet exercice, quelque outrage par paroles, par écrit ou dessin non rendus publics, tendant dans ces divers cas à inculper leur honneur et leur délicatesse, celui qui leur aura adressé cet outrage sera puni d'un emprisonnement de quinze jours à deux ans.

« SI L'OUTRAGE A EU LIEU A L'AUDIENCE D'UNE COUR OU D'UN TRIBUNAL, L'EMPRISONNEMENT SERA DE DEUX A CINQ ANS. » (Article 222 du code pénal.)

Adèle Poirier avait reçu les sommes qu'elle contestait dans une pièce rendue publique.

Après quelques démarches, le juge (c'est assez rare dans ce monde-là) constata que Pagot ne devait rien.

Madame Lejeune prit devant lui l'engagement d'indemniser Pagot.

Alors commença contre celui-ci une campagne scélérate; chacun de ses adversaires s'ingénia à retarder l'heure de la réparation légitime. Pagot s'adresse un jour aux députés, du haut des tribunes de la Chambre, il est de nouveau conduit à l'infirmerie du dépôt; mais, reconnu sain d'esprit par le docteur Blanche, il fut remis en liberté.

Un traité qui le livrait, pieds et poings liés, fut préparé par Benoit-Lucy.

Pagot, sur les prières de sa femme et de son fils, le signa; mais, quand il s'aperçut qu'il avait été dupé, il décida de se faire justice lui-même, il acheta un revolver et se rendit au domicile de l'avoué.

Pagot a été arrêté et jugé. Les jurés l'ont acquitté, et ce fut justice.

Mais combien de pauvres diables qui n'ont ni le talent ni l'énergie de Pagot, sont des proies faciles pour les avoués et les magistrats ! Ce n'est pas seulement là que nous trouverons complicité et entente entre les privilégiés. Nos lecteurs se convaincront par la suite que, si tous les avoués ne s'appellent pas Benoit-Lucy, ils sont tous aussi gredins, si ce n'est plus, que ce personnage.

COMPLAISANCES DE JUGES

Les affaires Wilson, Gilly, Chirac et Savine.

Nous avons établi, dans les pages qui précèdent, la complicité des magistrats et des privilégiés, avoués, avocats et autres titulaires de charges publiques. Dans l'affaire que nous allons raconter, nous voulons faire nettement ressortir la complaisance des juges envers le pouvoir et prouver que la magistrature est disposée plus que jamais à rester à plat ventre devant ceux qui disposent des faveurs et des récompenses.

Tout le monde a gardé le souvenir du scandale qui éclata quand on apprit que le sieur Wilson, le gendre du chef de l'État, avait trafiqué des emplois publics et des croix de la Légion d'honneur.

L'opinion publique s'indigna; il y eut tapage jusqu'aux portes de l'Elysée. M. Grévy dut donner sa démission.

Wilson et ses complices furent poursuivis. Les juges condamnèrent une première fois, mais M. Gendre put aller en appel et là il fut acquitté. Les juges, qui devaient leurs emplois et les grasses sinécures où ils s'engraissent à la faveur des uns ou à la complaisance des autres, les juges durent acquitter celui qui avait tripoté des croix, des rubans, de l'honneur et des récompenses nationales.

Mais un député parla à ses électeurs un peu haut des Wilsons de la Chambre et de la commission du budget; un éditeur et un publiciste déjà célèbre par ses attaques contre la finance et la haute juiverie internationale, publièrent de concert avec le député un volume de révélations. Le gouvernement qui avait fait acquitter Wilson veut bien que l'on tripote, mais il n'admet pas qu'on le dise.

Gilly, Savine et Chirac furent livrés aux juges comme autrefois les gens qui déplaisaient étaient livrés aux bêtes.

Total, six, trois et deux mois de prison, amendes et dommages-intérêts.

On ne fit grâce aux criminels ni d'un centime de l'amende ni d'une heure de prison. Leur peine fut même singulièrement aggravée, puisque c'est de cette époque que les quelques douceurs qui étaient tolérées aux condamnés pour délits politiques et de presse, furent supprimées.

Les jurés avaient condamné comme de bons électeurs condamnent ceux qui touchent aux députés, qui disposent des bureaux de tabac et des places de cantonniers.

Les juges qui avaient instruit, requis et jugé, furent récompensés selon leurs mérites.

L'avocat général Lefranc, de Bordeaux, fut nommé aux mêmes fonctions à Paris.

Le président Rozier fut fait chevalier de la Légion d'honneur. Le procureur général Baradat, qui avait laissé prendre copie de quelques pièces du dossier, lors du procès de Montpellier, fut vertement semoncé et envoyé en disgrâce à Agen, et M. Verdier fut nommé au lieu et place de M. Baradat à Montpellier, ce qui était un avancement pour lui. On pensait en haut lieu que Verdier serait plus souple.

Avec le cynisme de ses pareils, M. Verdier le souligna dans le discours qu'il prononça lors de son installation (1).

Ces sortes d'aveux sont bons à retenir.

Le président Raisin ne reçut pas de faveurs nouvelles, mais il garda son siège, malgré qu'il ait sciemment condamné un innocent, Borras. On n'a pas osé remercier ce misérable juge, après lui avoir demandé des services politiques, *il aurait pu parler.*

Voilà où fatalement mènent les complicités louches. De quel droit un ministre demandera-t-il à un juge d'être intègre, honnête, consciencieux et juste? Il commence par l'encourager à mal faire en lui demandant de ménager ses amis, comme cela se fit pour Wilson et Jacques Mayer, et de frapper d'autant plus fort sur les ennemis ou les adversaires.

(1) Voici un passage de ce discours, rapporté par les journaux de l'Hérault :

« Je n'attends pas de vous, disait-il aux membres du parquet, une correction qui, en matière de politique, serait incorrecte de la part des magistrats qui doivent appuyer de toutes leurs forces l'action du garde des sceaux de la République. Les magistrats du parquet doivent beaucoup travailler. Depuis quelque temps, la chancellerie demande beaucoup, elle demandera probablement plus encore. »

On ne peut pas avouer plus ingénûment que l'on considère la magistrature comme la chose du gouvernement.

COMPLICITÉS DE COQUINS

L'affaire Briquet. — Détournement d'héritage. — Avoués
et notaires compromis. — Pas de justice pour les pauvres.

Il y a encore des gens qui ont la naïveté de croire
qu'il y a des lois et que ces lois sont faites pour être
appliquées. Ces braves gens se diront certainement que
l'affaire Gilly est une affaire politique ; que pour l'affaire Pagot, le juge a pu être dupe d'un avoué coquin ;
que l'affaire Borras est une de ces erreurs judiciaires si
fréquentes.

Et après avoir lu, ils s'endormiront avec la conviction qu'ils sauraient bien obtenir justice s'ils étaient
lésés dans leurs intérêts.

C'est une erreur, et ce livre n'a pas d'autre but que
de prouver qu'au civil comme au criminel, pour une affaire d'héritage comme pour un assassinat, comme
pour une affaire politique, les juges sont les serviteurs
de ceux qui les paient et les défenseurs acharnés des
monopoles et des privilèges.

Un ménage Henry avait deux filles, l'une mariée à
un nommé Briquet, décédé depuis ; l'autre, nom-
mée Marie-Eugénie, mariée depuis à un nommé Meyer.

Vers 1876, la dame Henry tomba malade. Le père,
très âgé et impotent lui-même, dut laisser faire. Marie-Eugénie Henry et son amant recélèrent et appli-
quèrent à leur profit tout l'actif de la communauté, dépassant cent vingt mille francs et le transportèrent

dans un appartement situé sur le même palier, loué à cet effet sous un faux nom par l'amant.

Quand la dame Henry mourut, Marie-Eugénie évita de prévenir sa sœur et se fit passer pour fille unique.

Cependant, des notaires avaient dressé un inventaire ; mais, pour éviter de rompre des relations amicales, ils s'arrangèrent en famille, à la papa, et la dame Briquet fut dépouillée. Elle déposa des plaintes au parquet ; le parquet refusa de poursuivre les faussaires qui étaient des privilégiés. Elle s'adressa à la Chambre ; celle-ci refusa tout d'abord de s'occuper de l'affaire sous prétexte que les tribunaux étaient saisis.

De divers côtés, des bruits circulaient ; on ne se gênait pas pour dire que la dame Henry était morte d'une façon bien singulière. La veuve Briquet recommença les démarches, fit part au parquet des bruits qui couraient ; le parquet fit un semblant d'enquête ; une ordonnance de non-lieu fut rendue, et à diverses reprises, la demanderesse s'adressa à la Chambre. Voici en quels termes un député, rapporteur de la première commission des pétitions, s'exprime au sujet de la dame Briquet (1).

Journal officiel du 5 février 1882.

M. CASSOU, RAPPORTEUR (2)

Pétition n° 24.

« La dame Joséphine-Emilie Henry, veuve Briquet, domiciliée à Paris, se plaint de vols qualifiés, d'empoi-

(1) Ceci est copié textuellement à l'*Officiel* du 3 février 1882.

(2) M. Cassou, député blackboulé en 1885, est aujourd'hui conseiller à la cour de Paris.

sonnement, de faux divers en écriture publique et sollicite l'intervention de la Chambre pour obtenir justice.

« Les faits racontés par la dame Briquet, dans sa pétition du 28 octobre 1881, peuvent se résumer comme suit :

« Les mariés Henry, domiciliés à Paris, avaient deux filles, ladite Joséphine-Emilie, pétitionnaire, et Marie-Eugénie.

« Joséphine-Emilie se maria avec un sieur Briquet, aujourd'hui décédé.

« Marie-Eugénie aima mieux vivre maritalement avec le sieur P..., marié et père de famille, dans l'appartement où se trouvaient son père et sa mère.

« Vers l'année 1876, après diverses locations suspectes faites par Marie-Eugénie et son amant, et auxquelles les mariés Henry s'étaient prêtés, la dame Henry, mère commune, tomba malade.

« Marie-Eugénie et son amant, voyant sa mort venir, quittèrent l'appartement où se trouvait la malade, laissant auprès d'elle pour la soigner la veuve Deshayes et se retirèrent dans un appartement qu'ils avaient pris en vue de cet événement.

« La mort de la dame Henry, survenue le 2 avril 1876, ne parut pas naturelle. La pétitionnaire ne fut pas appelée, Marie-Eugénie se faisant passer pour fille unique de la décédée. La pétitionnaire est autorisée à croire que sa mère est morte empoisonnée.

« La dame Briquet ne connut le décès de sa mère qu'en mai 1876.

« L'inventaire fut commencé le 2 juin 1876, par

M. Delaunay, désigné par Marie-Eugénie Henry, et M' Pottier, choisi par la pétitionnaire. Les mariés omirent, notamment, d'inventorier des documents importants et de faire prêter à Marie-Eugénie et à son amant le serment prescrit par la loi.

« Le 2 novembre 1876, après des révélations venues du fils de l'amant de Marie-Eugénie, il fut fait une restitution de cent obligations de la Compagnie du Gaz. Les notaires dressèrent un inventaire supplémentaire de ces existences successives, mais ils se gardèrent bien d'indiquer la source de cette restitution et constatèrent qu'elle avait été opérée par Henry père, ce qui était faux.

« Il fut procédé au partage des valeurs inventoriées, et le 23 novembre 1876, le mandataire de la dame Briquet signa un acte de partage établissant qu'il revenait à cette dernière une somme de six mille francs, qu'elle reconnaît avoir reçue.

« La pétitionnaire ne tarda pas à acquérir la certitude que Marie et son amant avaient détourné environ 150,000 francs; que les notaires avaient non seulement omis à dessein d'inventorier les bordereaux d'agent de change, les quittances de loyer et autres pièces importantes trouvées au domicile de la défunte et qui auraient aidé à constituer le véritable avoir de celle-ci, mais encore que ces officiers ministériels, pour consommer la spoliation de la pétitionnaire, avaient frauduleusement inséré, à l'aide de surcharges et interlignes, dans l'acte public de partage du 23 novembre 1876, des énonciations fausses.

« Le 16 février 1881, la dame Briquet dénonça tous

ces crimes et tous ces criminels à M. le procureur de
la République ; elle dénonça, de plus, les notaires à
leur chambre de discipline. Elle sollicita l'assistance
judiciaire pour poursuivre l'interdiction de son père,
le paiement d'une pension alimentaire et le partage de
la succession de la dame Henry.

« Le bureau d'assistance rejeta la demande à lui
faite. La chambre des notaires ne donna pas suite à la
plainte. Le procureur de la République se contenta de
charger M. Clément, commissaire aux délégations judiciaires, de procéder à une enquête préparatoire.

« M. Clément, s'inspirant des intentions du parquet, ne fit qu'un simulacre d'informations et s'appli-
qua à étouffer l'affaire.

« La pétitionnaire adressa alors à M. le procureur
de la République un supplément de plainte, se constitua partie civile et requit une instruction régulière.

« M. Desrosiers, juge d'instruction, fut chargé de
ce soin. Ce magistrat commit le même M. Clément
pour opérer une saisie chez le sieur P..., amant de Marie-Eugénie qui venait de se marier avec un sieur
Meyer, chez les mariés Meyer eux-mêmes, mais non
chez les notaires. Cette saisie fut même incomplète.
Voyant que M. Desrosiers trahissait ses devoirs, la
veuve Briquet adressa requête à la cour de cassation,
demandant le renvoi de l'affaire devant un autre juge
d'instruction pour cause de suspicion légitime. La cour
refusa de statuer sous prétexte que la requête n'était
pas signée d'un avocat à la cour. Le ministre de la justice, saisi par la pétitionnaire de ces difficultés, prit des
renseignements, mais il s'arrêta, sans l'informer de sa

résolution et des causes qui l'avaient motivée. M. Desrosiers rendit à la date fausse du 8 avril 1881, une ordonnance de non-lieu, malgré les protestations adressées par la pétitionnaire au parquet et au ministre de
la justice.

« La veuve Briquet fit opposition à cette ordonnance et adressa divers mémoires à la chambre des
mises en accusation.

« Le 3 mai 1881, cette chambre n'en rendit pas moins
un arrêt contenant des faits qu'elle savait faux, consistant notamment en ce que les énonciations qualifiées
de faux dans l'acte de partage avaient été faites dans
l'intérêt de la plaignante et que celle-ci avait accusé
son père d'avoir concouru à l'empoisonnement de la
dame Henry.

« Pourvoi de la part de la dame Briquet et mémoires
à l'appui.

« Le 24 mai 1881, la veuve Briquet s'inscrivit en faux
contre l'instruction, le réquisitoire et l'ordonnance et
adressa sa plainte à M. le premier président et à M. le
procureur général près la cour d'appel de Paris. Le
même jour elle s'inscrivit encore en faux contre l'arrêt
du 3 mai 1881 et contre le réquisitoire qui l'avait précédé et dénonça ces crimes de faux imputés à la cour
comme dénonciation incidente à son pourvoi. Elle signifia aussi comme dénonciation incidente celle ci-
dessus adressée à MM. les magistrats de la cour d'appel
de Paris.

« La cour de cassation débouta la plaignante de son
pourvoi comme non recevable et déclara que la dénonciation incidente, tombant devant l'irrecevabilité du

pourvoi, il y avait lieu de la considérer elle-même comme non avenue.

« Le 5 octobre, tous ces faits furent portés à la connaissance de M. le ministre de la justice qui n'a encore rien répondu.

« MOTIFS DE LA COMMISSION

« Que faut-il penser des faits si graves dénoncés à la Chambre?

« Sans doute, on rencontre souvent des parents qui cherchent à avantager l'un de leurs enfants au détriment des autres, et des enfants qui profitent, au décès de leurs parents, de la situation favorable dans laquelle ils peuvent se trouver, pour détourner des valeurs successives. Sous ce rapport, la dénonciation faite à la Chambre ne se heurterait à aucune invraisemblance.

Il est heureusement beaucoup plus rare de voir des enfants, pour assurer les effets des manœuvres ourdies pour les favoriser au delà des limites légales ou pour consommer les détournements, donner la mort à leurs parents.

« Ce qui commence à être inadmissible, c'est que deux notaires s'entendent pour spolier l'un des enfants à l'aide d'énonciations fausses introduites dans un acte public et, ce qui l'est davantage, c'est qu'un bureau d'assistance et une chambre de notaires cherchent à couvrir un pareil crime.

« Mais *la conscience se soulève à l'idée que des magistrats instructeurs de première instance et d'appel,* non seulement se fussent associés à la pensée d'étouffer ce crime avec les crimes d'empoisonnement et de détour-

2

nement, mais encore eussent eux-mêmes poussé l'infamie jusqu'à commettre, à cet effet, des faux dans leurs propres décisions et que la cour de cassation et le ministre de la justice, saisis à leur tour de ces mêmes accusations, n'eussent pas cherché à faire la lumière sur des faits d'une aussi exceptionnelle gravité.

« Il est donc tout naturel que cette plainte ait déjà été repoussée par les commissions précédentes qui ont proposé chaque fois l'ordre du jour, la première fois, le 16 juin 1879, sur le rapport de M. Thomas, par le motif qu'il n'appartenait pas à la commission de s'immiscer dans une question dont la justice était régulièrement saisie et, la deuxième fois, le 18 juillet 1881, sur le rapport de M. Dethomas, par le motif que le pouvoir judiciaire régulièrement saisi avait rendu des décisions passées en force de chose jugée.

« La pétitionnaire n'est pas d'ailleurs absolument désarmée; sous le rapport des crimes, si d'autres charges venaient à se révéler, tant que la prescription ne serait pas acquise, l'instruction pourrait être reprise et, sous le rapport des détournements, la dame Briquet peut encore agir en justice, soit pour obtenir par voie de partage supplémentaire le rapport entier des valeurs détournées, la dame Meyer pouvant être privée de sa part, à raison des fraudes commises par elle, soit la rescision pour cause de lésion de plus du quart du partage du 23 novembre 1876.

« En ce qui touche la demande de réorganisation judiciaire, des propositions dans cet objet ont été déposées, d'autres sont attendues; le gouvernement a lui-même annoncé qu'il déposerait un projet de loi.

« En conséquence, la première commission propose l'ordre du jour. »

Nous avons laissé parler la chose officielle. Un député, aujourd'hui magistrat, un homme qui, selon toute apparence, connaît les lois, trouve *« que la conscience se soulève à l'idée que des magistrats de première instance et d'appel se fussent associés à ce crime. »* C'est bien, mais où nous ne comprenons plus, c'est que ce même député déclare plus loin qu'il « est tout naturel que les plaintes de la dame Briquet aient été repoussées par les commissions précédentes. »

Il y a là un manque de sens moral que nous ne nous expliquons pas, si ce n'est que le député se soit trouvé dans l'obligation absolue de sauver une bande de filous.

Mais la dame Briquet n'était pas disposée à abandonner l'affaire ; elle fit tant et si bien qu'une perquisition fut faite et des valeurs furent saisies par le policier Clément ; ce n'était qu'un piège qui lui était tendu, on lui proposa une transaction. Si elle s'engageait à se taire, on lui paierait la somme de cinquante mille francs.

La dame Briquet eut la bonne foi d'accepter et elle n'entendit plus parler de son affaire ni d'indemnités à recevoir.

Elle recommença alors ses démarches. Nouvelle plainte, nouveau mémoire à la cour de cassation, nouvelle adresse au ministre de la justice et, ne recevant aucune solution, pétition à la Chambre.

Cette fois, ce fut un nommé Rodat qui fut chargé, au nom de la troisième commission, d'enterrer les demandes de la dame veuve Briquet.

Voici en quels termes la chose fut faite (1).

La troisième commission des pétitions a prononcé l'ordre du jour sur la pétition de madame Briquet, inscrite au rôle général sous le n° 216.

Cette résolution est insérée au *Journal officiel* du 12 mars 1882.

(Application de l'art. 66 du règlement de la Chambre des députés.)

SOMMAIRE DE LA PÉTITION ET MOTIFS DE LA COMMISSION

M. RODAT, RAPPORTEUR

Pétition n° 216.

La dame Joséphine-Emilie Henry, veuve Briquet, domiciliée à Paris, se plaint de vols qualifiés, d'empoisonnements, de faux divers en écriture publique, et sollicite l'intervention de la Chambre pour obtenir justice. La pétitionnaire proteste contre la solution donnée, en décembre 1881, par la première commission des pétitions à une précédente requête et demande que le rapport de sa pétition soit fait en séance publique.

MOTIFS DE LA COMMISSION

Les réclamations de madame veuve Briquet ont été déjà écartées trois fois par les commissions précédentes. Le dernier rapport dont elles ont été l'objet a été présenté par l'honorable M. Cassou, le 8 décembre dernier. Nous ne pouvons que nous référer à ce travail aussi exact que complet.

(1) Nous continuons à citer des textes officiels.

Il est regrettable que madame veuve Briquet s'obstine, sous l'inspiration sans doute de mauvais conseils (1) à accumuler des démarches qui ne peuvent aboutir. S'il y a, ce que nous ignorons, quelque chose de fondé dans les revendications qu'elle croit être en droit de former

(1) Ici nous ferons observer que les conseils que suivait madame Briquet étaient si mauvais, que l'homme d'affaires qui l'assistait, reçut la lettre suivante de M. Casson, dont il est parlé plus haut. Si ce député avait pu penser que les conseils que suivait madame Briquet étaient néfastes, il n'aurait pas songé à confier un dossier à son homme d'affaires.

CHAMBRE DES DÉPUTÉS.
—

Paris, le 23 janvier 1882.

MONSIEUR,

Vous trouverez au bureau des pétitions la lettre dont vous voulez bien me parler dans votre lettre du 21 du courant. Je regrette vivement les courses inutiles que vous et madame Briquet avez faites après moi. Les droits de celle-ci sont tracés par le réglement. Elle peut parfaitement faire demander la discussion en séance publique. La commission ayant épuisé ses pouvoirs par la décision d'ordre du jour, ne peut point faire autre chose.

J'ai été chargé, à Pau, d'un dossier comportant une instruction à faire à Paris au sujet d'une affaire fort importante. EN VOYANT LE ZÈLE AVEC LEQUEL VOUS DÉFENDEZ LES AFFAIRES QUI VOUS SONT CONFIÉES, j'ai pensé à vous. Dès que vous aurez vu ce qu'il y a à faire, vous voudrez bien vous entendre avec l'un des intéressés dont je vous donnerai l'adresse, n'entendant être ici qu'un intermédiaire officieux. Si vous passez dans mon quartier, dans la matinée, un de ces jours, de 10 heures à midi, vous êtes sûr, sauf de bien rares exceptions, de me trouver.

Veuillez me croire, monsieur, votre bien dévoué.

Signé : CASSOU.

2.

contre sa sœur, il ne peut être question que d'un procès
civil, et certainement ce procès aurait été moins coû-
teux que les procédures irrecevables et inutiles qu'elle
a instituées.

Qu'à la demande tendant à ce que le rapport soit fait
en séance publique, l'art. 66 du règlement dispose que
tout député peut demander le rapport en séance publique dans le mois de la distribution du feuilleton et que,
sur sa demande, le rapport sera fait de plein droit. La
commission n'a donc pas à prendre de décision sur ce
point.

En conséquence, et adoptant les motifs des commissions précédentes, la troisième commission propose
l'ordre du jour.

Et la farce est jouée, tirez les rideaux. Maintenant,
futurs héritiers, croyez-vous encore qu'il y a possibilité
d'obtenir justice dans la jolie société actuelle ? Tout
pour les privilégiés et pour les monopoles, tout pour
les riches.

Mais cette fois encore la bande de coquins et de faussaires protégés par la magistrature et par la Chambre
avait à faire à forte partie.

La dame Briquet avait du tempérament; elle continua sa campagne contre ceux qui l'avaient dépouillée,
allant du parquet à la Chambre, — car elle revint encore, — du juge instructeur à la cour de cassation, où
elle alla pour cause de suspicion légitime (1). Elle fit
tant et si bien, quoique pauvre et presque sans ressour-

(1) Madame Briquet dut adresser une requête à la cour de cassation pour demander le renvoi devant un autre magistrat que

ces, qu'elle obtint sans procès, une transaction. Sa sœur et ceux qui l'avaient dévalisée durent, à la mort de son père, produire des comptes.

La situation de la dame Briquet ne lui permettait plus de continuer la lutte avec efficacité, elle transigea et reçut *vingt mille francs*. Si la justice avait mérité son beau nom, elle aurait pu recevoir plus de cent mille francs.

Si les gens qui ont accordé cette somme à madame Briquet avaient été dans leurs droits, auraient-ils consenti à verser semblable somme?

Évidemment non! alors ils devaient, alors ils avaient capté un héritage, alors ils avaient tripoté, et il y a dans cette sale affaire deux notaires, des avoués, des juges d'instruction, des magistrats, des députés, le policier Clément lui-même s'est sali les pattes dans de louches complicités avec les autres.

Mais si la dame Briquet avait été moins énergique, si son homme d'affaires avait consenti à toucher un pot-de-vin quelconque comme les autres, les misérables qui

M. Desrosiers pour cause de suspicion légitime. Voici les raisons qui ont nécessité cette décision :

La dame Briquet avait notifié au juge d'instruction Desrosiers une liste de témoins à interroger. Le juge manda les témoins, les interrogea, et quand il donna lecture de leurs dépositions à la dame Briquet et à son conseil, ceux-ci ne trouvèrent pas ce qu'ils s'attendaient à y voir.

Ils en firent l'observation au juge, celui-ci répondit : *Quand même les témoins m'auraient dit cela, je ne l'aurais pas mis au procès-verbal.* On comprend qu'après cela la dame Briquet avait de bonnes raisons pour se méfier du juge d'instruction.

la volaient auraient gardé le fruit de leurs rapines avec la protection complaisante, avec la complicité, devrais-je dire, de toute la magistrature française et des députés, trop lâches pour oser parler haut ou trop bêtes pour comprendre le devoir qui leur incombe.

PETITS PROFITS DE POLICIER

Affaire Bousquet-Prenant. — Un policier qui rend des services. — 400 francs. — Pas de justice.

Sans avoir une importance excessive, l'affaire que nous allons raconter n'en tiendra pas moins sa place parmi les infamies commises au nom de la loi par les gens de justice.

Vers 1883, un homme, un financier, nommé Prenant, tenait un cabinet financier. Il publiait, naturellement dans l'intérêt de son entreprise, un petit journal qui portait pour titre : *le Petit Causeur financier*, qui paraissait le mardi.

Il envoyait son journal à un très grand nombre de personnes.

Au mois de janvier 1884, un M. Bousquet, propriétaire à Cette, chargea ledit Prenant de lui acheter des valeurs.

Le 19 janvier, M. Prenant annonça à son client qu'il avait acheté, en son nom, pour 3228 fr. 50 de titres.

Sur cette affirmation, M. Bousquet adressa à Prenant, le 22 janvier, la somme de 3200 fr. dont Prenant lui accusa réception le 23, c'est-à-dire le lendemain.

Mais M. Bousquet ne recevant point les valeur qu'il avait payées, fit diverses démarches et il acquit bien vite la conviction qu'il avait été volé, il s'adressa au parquet de Paris en portant plainte contre Prenant.

Sa plainte fut envoyée au commissaire de police du quartier de la Madeleine qui avait pour secrétaire M. Abel Chantrier.

Prenant fut appelé au commissariat et M. Chantrier fut chargé de l'affaire.

....

Nous mettons à dessein une ligne de points, car nous ne pouvons dire exactement ce qui s'est dit entre Chantrier et Prenant.

Mais jamais Bousquet ne put rentrer dans l'argent qu'il avait versé.

Cependant un homme d'affaires, chargé par lui de poursuivre le recouvrement de ses trois mille deux cent vingt francs envers Prenant, mena une rude campagne.

Il invoqua les lois et les codes, il fit des plaintes au parquet, aux procureurs, aux Chambres même; cet homme d'affaires se heurta partout à des fins de non-recevoir.

Mais la vérité se fait connaître tôt ou tard.

Prenant, l'homme de finance, qui avait vu avec quelle énergie le chargé d'affaires de Bousquet avait défendu les droits de son client, eut à son tour maille à partir avec les hommes de justice.

Un avoué, M. Langeron, était contre lui et on sait que ces messieurs ont toujours raison devant le parquet et devant les messieurs qui exercent la profession de juges.

Mais Prenant qui connaissait l'énergie dépensée par le chargé d'affaires de Bousquet, vint le trouver et celui-

ci demanda et obtint de Bousquet l'autorisation de s'occuper de l'affaire de Prenant.

Il examina le dossier et trouva deux billets à ordre
souscrits par M. Chantrier, secrétaire du commissaire
de police, demeurant, 28, rue d'Astorg, à M. Prenant.
M. Chantrier, abusant de l'autorité qui lui était confiée,
avait tout simplement promis l'impunité à Prenant,
moyennant la somme de 400 francs.

Il avoua lui-même la chose très ingénieusement.

Cette somme de 100 francs empêcha M. Bousquet
d'obtenir justice.

Mais à son tour Prenant se heurta aux mêmes fonctionnaires, magistrats et privilégiés se retournèrent
contre lui.

Et il se plaint. Il s'adresse au public et à la presse.

Le 6 décembre 1881, il soumettait son affaire au public dans un imprimé (1).

(1)   *Paris, le 6 décembre 1884.*

AU PUBLIC ET A LA PRESSE

Je me trouve dans la triste nécessité d'en appeler à l'opinion
publique, pour m'aider à obtenir justice.

Le 6 novembre dernier, j'ai adressé, conformément aux art. 63
et suivants du Code d'instruction criminelle, une plainte contre
diverses personnes, parmi lesquelles M. Langeron, avoué, à Paris. Dans cette plainte je me suis porté partie civile.

MM. les membres du parquet devaient, pour obéir à la loi,
saisir immédiatement un juge d'instruction.

Quelle n'a pas été ma surprise de recevoir, le 19 novembre,
une lettre de la Chambre des avoués, laquelle est ainsi conçue :

Il ne reçut aucune réponse, aucune solution.
Cependant il s'agissait de huit mille francs.

TRIBUNAL DE PREMIÈRE INSTANCE
DE LA SEINE
—
CHAMBRE DES AVOUÉS
—

Paris, le 19 novembre 1884.

MONSIEUR,

Je vous donne avis que la réclamation que vous avez adressée contre M. Langeron, avoué, à M. le Procureur général, a été confiée au rapport de M. Mouillefarine, membre de la Chambre, 46, rue Sainte-Anne, auquel vous pouvez faire parvenir les renseignements que vous croirez devoir fournir à l'appui de cette réclamation.

Votre très humble serviteur,

Signé : illisiblement.

Chef au secrétariat.

Je proteste de toute mon énergie contre ce déni de justice et j'entends qu'on en finisse de cette affaire.

Je publie à dessein, une demande, que j'ai faite à monsieur le « ministre de la justice », le 14 novembre, laquelle contient un résumé fidèle de la plainte.

En présence de cette publication, la magistrature va être obligée, conformément à la loi du 29 juillet 1881, de faire une instruction, et sur la plainte de qui de droit, me traduire devant les assises, en ce qui concerne M. Langeron, fonctionnaire.

Dans tous les cas la lumière sera faite, et comme tous les faits articulés sont vrais et peuvent être prouvés, je serai renvoyé des fins de toute plainte, et les auteurs et complices des crimes et délits que j'impute, seront sévèrement punis.

Je préfère agir ainsi, que de m'armer d'un revolver, et j'espère que l'opinion publique et la presse tout entière me donneront leur concours, comme elles l'ont fait pour l'affaire de madame Clovis Hugues.

Tous les honnêtes gens m'approuveront, j'en suis convaincu.

M. Prenant avait acheté des consciences, il s'est,

De plus toutes les victimes suivront mon exemple, et bientôt alors tout le monde, sans exception, pourra obtenir justice.

Je remercie à l'avance, toutes les personnes qui voudront me donner leur concours, dans cette triste circonstance, dans mon intérêt, celui de ma famille et celui de la société.

PRENANT.

75, rue Nollet, Paris-Batignolles.

Suit la teneur de la demande, adressée à Monsieur le MINISTRE DE LA JUSTICE.

Paris, le 14 novembre 1884.

A MONSIEUR LE MINISTRE DE LA JUSTICE

MONSIEUR LE MINISTRE,

Je soussigné François Prenant

Ai l'honneur de vous adresser la demande suivante :

Dans une plainte, dont vous trouverez copie ci-jointe, et que j'ai été dans la nécessité d'adresser à monsieur le Procureur général près la cour d'appel de Paris, et à monsieur le Procureur de la République près le Tribunal civil de la Seine, j'ai démontré, en fait et en droit, que je suis victime de crimes et de délits d'abus de confiance, d'escroqueries, faux et autres, commis par :

1° Monsieur Langeron, avoué, près le tribunal civil de la Seine-demeurant à Paris, rue Sainte-Anne, n° 49.

2° Monsieur Jacob, banquier, demeurant à Paris, rue de Provence, n° 65.

3° Monsieur Charles Meunier, gérant de la grande maison de Blanc, sise boulevard des Capucines, demeurant à Paris, boulevard des Capucines, n° 6.

4° Monsieur Manoury, agent d'affaires, demeurant à Levallois-Perret, rue Valentin, n° 10, et autres personnes.

Permettez-moi, monsieur le ministre, d'appeler votre bienveil-

à son tour, heurté à toute la mauvaise volonté des hommes de loi.

lante attention sur tous les faits graves indiqués dans ces plaintes, et qui peuvent se résumer ainsi :

1° M. Langeron, avoué, après avoir produit pour moi, avec des pièces et titres que je lui avais remis, à une distribution mobilière Mercier, et obtenu collocation à mon profit à cette distribution d'une somme d'environ huit mille francs, a essayé d'obtenir de moi un mandat pour toucher cette somme; voyant que je ne voulais pas accéder à sa demande, il a élevé l'infâme prétention que la créance ne m'appartenait pas.

2° Il a consenti d'abord à me remettre les pièces, puis il a refusé et m'a demandé une somme fabuleuse, qui ne lui est pas due, pour honoraires et débours.

3° Se voyant poursuivi par suite d'une plainte portée à la Chambre des avoués, il a obtenu, grâce à la complaisance de ses compères, délais sur délais et pour ne pas subir une peine disciplinaire, ou autre, il a obtenu le concours de monsieur Jacob, son complice, la signification d'une défense de remise de pièces sans titre ni preuve quelconque; ce qui a permis à la Chambre de rendre une décision, le 29 novembre, dans laquelle elle dit :

« Considérant que, si tardive que soit cette défense, elle n'en
« constitue pas moins un empêchement dont M. Langeron ne
« peut se rendre juge, et dont M. Prenant doit, au préalable, de-
« mander la mainlevée à qui de droit ».

4° M. Prenant a formé une instance contre Langeron et Jacob devant le tribunal civil et il assigna en référé M. Jacob pour l'audience du 19 janvier 1884. C'était M. Aubépin qui présidait. J'allais gagner mon procès lorsque M. Langeron, lui-même, qui n'était pas en cause, fit irruption près de la barre et remit à M. le Président une pièce, dit-il, qui faisait reconnaître que M. Jacob était le réel propriétaire de la créance.

Me Delepouve protesta et demanda communication de la pièce qui n'avait jamais paru aux débats. Il s'y refusa. Le Président rendit sa décision, et dit à Me Delepouve. Votre confrère vous

C'est là son châtiment, mais que pensera le public des scandaleux dénis de justice dont se plaint Prenant,

communiquera cette pièce en sortant. M. Langeron s'esquiva, et n'a pas voulu communiquer cette pièce, qui, faite pour les besoins de la cause, est ou fausse ou obtenue par suite d'abus de blanc-seing ou autrement.

5° M. Langeron emploie toutes ces manœuvres de concert avec M. Jacob et avec M. Charles Meunier, dans le but d'arriver à me ruiner ou à me forcer d'acquiescer à leurs ténébreuses combinaisons.

6° M. Manoury, que j'ai eu comme conseil et qui a fait pour moi diverses courses et démarches, m'a obtenu, à l'aide de manœuvres, un transport de cinq mille francs, qu'il refuse de me rendre alors qu'il le sait sans cause, et qu'il n'a pas craint de faire enregistrer et signifier. Il a obtenu, toujours à l'aide de manœuvres, sans droits ni qualité, un dossier appartenant à M. Foulon, mon cousin, et dans lequel se trouvent des pièces et documents m'appartenant, et notamment une décharge générale que m'a donnée M. Meunier le 12 décembre 1881.

Il a détourné et caché ces pièces ou les a remises à M. Meunier, et s'est entendu avec celui-ci pour arriver à me faire poursuivre pour des sommes qu'on sait que je ne dois pas, et aussi pour arriver à empêcher que je touche les sommes qui me sont dues bien légitimement.

7° M. Charles Meunier, d'accord avec M. Manoury, et certainement sur les indications de celui-ci, m'a fait signifier le 25 octobre, par Me Buisson, l'huissier dudit M. Manoury, une sommation d'avoir à remettre des sommes dont décharge m'a été donnée, et aux mains de ce dernier, et que d'ailleurs je ne dois pas.

Conformément aux articles 63 et suivant du Code d'instruction criminelle et dans la plainte sus-indiquée, je me suis porté partie civile en réclamant vingt mille francs de dommages et intérêts.

J'ai préféré, monsieur le ministre, agir ainsi, que de m'armer d'un revolver, comme l'a fait M. Pagot, contre un avoué de la rue

et que nous signalons à notre tour pour montrer la
vénalité des magistrats et le hideux marchandage des

de la Paix, M. Benoit-Lucy, et comme l'a fait dernièrement encore un M. Simon, sur M. Thorel, successeur dudit M. Benoit
Lucy.

Les faits dont MM. Pagot et Simon pouvaient être victimes,
sont loin d'être aussi graves et aussi multiples que ceux annoncés dans ma plainte. Mais je ne suis pas d'avis d'employer de
pareils moyens, j'ai trop de confiance en la justice et suis trop
fort de mon bon droit pour me porter à des extrémités semblables.

Aussi, monsieur le ministre, je viens en toute confiance vous
prier, après avoir examiné mes griefs et plaintes qui démontrent
jusqu'à l'évidence les crimes et délits dont je suis victime, de
bien vouloir inviter Messieurs les magistrats de Paris de poursuivre rigoureusement et immédiatement sur ces plaintes, dans
mon intérêt, celui de ma famille et celui de la société.

En ce qui nous concerne, moi et ma famille, c'est-à-dire ma
femme et deux enfants, dont l'un est paralysé, nous nous trouvons, pour ainsi dire, sans ressources et débiteurs d'une somme
s'élevant à environ dix mille francs, que nous ne devrions pas, si
je n'étais pas victime des crimes et délits indiqués, et si conséquemment j'avais reçu immédiatement et sans être obligé de faire
des dépenses de toutes sortes, les sommes qui me sont bien et
légitimement dues. Il faut à tout prix que les manœuvres dont
nous sommes victimes, soient mises au grand jour et que les
coupables soient promptement et sévèrement punis, et d'autant
plus sévèrement que parmi eux se trouve un officier ministériel,
M. Langeron, qui, affirment ses confrères, n'est pas à son premier coup d'essai et a été déjà suspendu de ses fonctions.

En ce qui concerne la société, elle a un grand intérêt à ce que
ces infamies soient connues de tout le monde et réprimées très
sévèrement et dans un bref délai.

Vous reconnaîtrez comme moi, j'en suis convaincu, monsieur
le ministre, qu'une poursuite rigoureuse et publique, faite contre
les auteurs et complices des crimes et délits imputés, produira

consciences, qui se pratique dans notre société très bourgeoise?

un autre effet que si j'avais agi comme l'ont fait MM. Pagot et Simon; on verra par là, que la magistrature ne protège nullement les coquins quels qu'ils soient, et qu'elle applique aussi rigoureusement nos lois contre des officiers ministériels ou autres, que s'il s'agissait de simples particuliers, imitateurs de Pagot et Simon, ou autres.

J'espère, monsieur le ministre, sur votre justice habituelle, et je vous prie d'agréer l'assurance de ma respectueuse considération.

PRENANT.

75, rue Nollet, Paris Batignolles.

L'ESCROQUERIE

AU FONDS DE COMMERCE

Cette histoire est dédiée aux braves gens qui, à la suite d'héritage ou de succession, n'ont rien de plus pressé que d'acheter un fonds de commerce dans le but de se rendre indépendants.

Une dame veuve Marion habitait une maison lui appartenant, portant le n° 14 de la rue Ramey, à Montmartre, maison d'une valeur de 175,000 francs.

Cette dame, douce, sans grande énergie, d'un caractère faible, fut amenée, par diverses sollicitations, à acquérir un hôtel meublé dont la clientèle était fictive.

Nous retrouvons là encore, comme dans toutes les sales affaires, la main de la police. Un M. Raulet, ancien commissaire de police à Grenoble, qui, lui, faisait justement partie de la clientèle fictive de l'hôtel meublé; la présence d'un homme de cette situation devait donner toute confiance à madame Marion.

Et la vente fut faite au mois d'août 1880, par l'intermédiaire de la maison Nicaise, n° 33, rue Lepelletier, moyennant 24,000 francs.

Tout le monde avait affirmé à madame Marion que l'hôtel meublé faisait 8000 francs de bénéfices nets par année. Il y avait là une escroquerie tombant sous le coup de l'article 405 du Code pénal.

On faisait également souscrire à madame Marion une reconnaissance de 30,000 francs, pour prêt de pareille somme, disait l'acte, qui vient de lui être fait sans la participation du notaire, alors qu'il ne lui avait rien été versé et qu'il ne devait rien lui être versé, d'après une contre-lettre signée du mandataire de madame Marion.

Cela constitue bien un faux nettement caractérisé.

Madame Marion confia ses affaires à M. Leroy, ancien notaire; ce monsieur était en rapport avec un nommé Bellanger, notaire à Fontainebleau.

Madame veuve Marion, s'apercevant — un peu tard, il est vrai — qu'elle avait été volée comme dans un bois, sur le point d'être ruinée, mise en faillite, pria un nouvel homme d'affaires de s'occuper de sa situation : c'était le 31 janvier 1881.

Ce nouveau chargé d'affaires mena la chose rondement : il acquit tout de suite la certitude que sa cliente était victime d'une bande de faiseurs qui voulaient la dépouiller entièrement. Il fit avouer devant elle à son avocat, M. Dacraigne, qu'il était parent du notaire de la partie adverse, M. Bellanger, le plus coupable et le plus compromis.

M. Dacraigne dut renoncer à s'occuper de cette affaire. Cet avocat devait évidemment mettre M. Bellanger au courant de tout ce que préparaient madame Marion et son conseil. Au lieu de refuser une fois qu'il fut mis au courant de cette affaire, il eût été plus honnête de ne pas s'en charger du tout.

Des plaintes furent portées, et l'instruction de l'affaire fut confiée à M. Pelletier, juge d'instruction à Paris.

Quand celui-ci constata que ceux qui étaient compromis étaient des gens de son monde : notaire, avocat, policier, il apporta toute la mauvaise volonté dont il était susceptible ; il refusa d'écouter le conseil de madame Marion, le fit mettre à la porte, puis parvint, par ruse ou menace, à faire signer à madame Marion une feuille blanche et rendit une ordonnance de non-lieu.

Voilà donc un fait acquis : un juge fait une instruction incomplète et menace les justiciables.

Il rend une ordonnance de non-lieu, malgré les mémoires qu'il avait entre les mains, lui démontrant jusqu'à l'évidence l'existence des crimes et délits qui lui étaient signalés.

Madame Marion saisit alors la chambre des mises en accusation, qui, pour ne point nuire au juge d'instruction, confirma l'ordonnance.

Nos plaignants durent se pourvoir devant la cour de cassation, et, le 27 juillet, un mémoire fut adressé au ministre de la justice.

Alors on menaça la veuve Marion de prison si elle continuait ses démarches.

Nous l'avons dit : elle était d'un caractère faible, elle céda. Alors, quand elle fut ruinée, les gens qui l'avaient dévalisée la firent entrer dans un asile de vieillards.

Ce sont les contribuables qui ont dû se charger de la nourriture et de la garde d'une femme qui a été ruinée par des flibustiers avec la complicité du parquet, de la cour et du ministre de la justice.

AFFAIRE BORRAS

Le crime du Petit-Condom. — Borras arrêté. — Le jugement. — Les juges. — Innocence prouvée. — Le « C'est jugé » du président Raisin. — Pradiés fils contre Borras, innocent.

Nous avons déjà signalé bien des infamies, montré de nombreuses complicités, mais il nous reste à prouver que les magistrats, même quand on leur prouve qu'ils se sont trompés, même quand éclate aux yeux de tous l'innocence d'un homme, les magistrats quels qu'ils soient, ne veulent pas revenir sur la chose jugée. Par esprit de corps, ils préfèrent faire tomber la tête d'un innocent que de désavouer un collègue.

Pour bien montrer à quel degré de gredinerie descendent certains magistrats, avec quel stupéfiant sansgêne ils conduisent une affaire où la vie et l'honneur d'un homme sont en jeu, nous allons entrer dans quelques détails de cette affaire Borras, qui fit tant de bruit l'an dernier, lorsque son innocence fut définitivement reconnue (1).

Le 26 mai 1887, trois Espagnols, Vincent Guillaumet, Rossel dit Castillon, Villaroubia dit Salvador, complotent dans un café d'aller voler et assassiner

(1) Les magistrats n'ont rien à voir dans cette issue; ils n'y sont pour rien, c'est un vieillard, M. Marcou, sénateur de l'Aude, qui, pénétré de l'innocence du malheureux Borras, fit toutes les démarches qui amenèrent la mise en liberté du forçat innocent.

3.

Pradiès, fermier du Petit-Condom, dans la banlieue de Narbonne. Ils sont vus par des témoins se réunissant derrière le cimetière et, un peu plus loin, sur le chemin qui mène à la ferme. Borras n'était pas parmi eux. Le témoin Degans le déclara en cour d'assises.

Arrivés au Petit-Condom à sept heures, Villaroubia fait le guet et Guillaumet et Rossel frappent à la porte.

Les époux Pradiès s'étaient couchés de bonne heure. La femme se met à la fenêtre et leur demande : *Qui êtes-vous ?* Ils répondent : *Nous sommes des Espagnols qui avons travaillé pour vous dernièrement.*

Pradiès se lève, va ouvrir la porte. Ils entrent, demandent du travail, mais se reprenant, ils déclarent que c'est de l'argent qu'il leur faut.

Pendant que Guillaumet se précipite sur le fermier et lutte avec lui, Rossel s'empare de cinq cent soixante francs qui se trouvaient dans un tiroir de la cuisine.

La femme Pradiès, entendant du bruit, descend, une canne à épée dégainée à la main. Elle appelle au secours. Rossel lui enjoint de se taire. Elle le frappe d'un coup de la lance de sa canne ; il se jette alors sur elle et la tue. Rossel, perdant beaucoup de sang, s'en va, abandonnant Guillaumet qui lutte avec Pradiès.

Le départ subit de Rossel est la preuve qu'il est blessé. Les gendarmes, dans le procès-verbal, constatent qu'ils ont suivi des traces de sang sur un parcours de 800 mètres.

Rossel gagna l'Espagne. Villaroubia et Guillaumet, moins adroits, furent arrêtés au Perthus. Borras n'a pas fui. Pourquoi d'ailleurs aurait-il fui ? Il n'avait rien à se reprocher.

Le crime est découvert. Pradiès n'est pas mort, il déclare que deux Espagnols ont pénétré chez lui, que l'un d'eux l'a blessé. C'est Vincent Guillaumet, il le connaît.

Quant à l'autre, celui qui a tué sa femme, *il ne peut dire son nom, il ne le connaît pas.* Il déclare, cependant, qu'il est blond et gravé de la petite vérole; devant le juge d'instruction, il renouvelle sa déclaration et ajoute que l'assassin blond est âgé de trente à trente-cinq ans.

Ce n'est pas le signalement de Borras : celui-ci est très brun et n'a que 25 ans; par contre, il s'attache bien à Rossel, le véritable assassin.

Les témoins de la première heure, ceux qui avaient relevé Pradiès, étaient au nombre de dix; à aucun d'eux Pradiès n'a désigné Borras, qu'il connaissait cependant, puisqu'il avait loué ses services. Mais un des assassins avait répondu à la femme Pradiès : — *Nous sommes les Espagnols qui avons travaillé chez vous.*

Ces Espagnols étaient un nommé Porta, qui prouva son alibi, Guillaumet et Borras, du moment que ce n'était pas Porta, Borras devait être le complice de Guillaumet. On arrêta donc Joseph Borras, et comme Pradiès devait être dans un état de faiblesse excessif, on lui dit que le deuxième assassin était Joseph. Jusqu'à sa dernière heure il répéta : « Oui, Joseph, ce devait être Joseph ! »

On le confronta avec le présumé coupable, quatre jours avant sa mort, et Pradiès déclara qu'il reconnaissait Borras, qui ne ressemblait en aucune façon au signalement qu'il avait donné le lendemain du crime.

Voici le procès en cour d'assises. Borras établit son alibi par les dépositions de quatre témoins.

Alors il faut voir comment le président Raisin (1) savait remettre à leur place les témoins qui disaient la vérité.

« Messieurs les jurés, dit le président, après la déposition d'un témoin, auront à apprécier ce système de Borras *que j'appellerai le système de la dernière heure.*

En présence de certains témoignages, tous les défenseurs des accusés déposèrent des conclusions tendant au renvoi de l'affaire. La cour, influencée par Raisin, s'empressa de rejeter ces conclusions.

Mais cette simple requête, légale pourtant, avait exaspéré les magistrats, si bien que le singulier président se laissa aller jusqu'à accuser la famille Borras d'avoir suborné un témoin, le nommé Balagué.

Voici ce passage du compte rendu :

Le 27 ou le 28, déclare ce témoin, Vincent Guillaumet est venu me trouver à la propriété de Saint-Ju-

____

(1) Pour celui-là, le châtiment a commencé : il est fou, il a la folie de la persécution et hurle la nuit après des assassins imaginaires, comme les chiens hurlent après l'ombre des nuages qui passent sur la lune. Quelles que soient ses douleurs et ses souffrances, nous n'aurons pas pour lui une larme de pitié. Magistrat infâme, il a failli envoyer un innocent à l'échafaud, et s'il est sorti du bagne, c'est contre la volonté de Raisin. D'autre part, il fut juge complaisant dans l'affaire Gilly. Il sut rendre trop de services pour que le malheur qui le frappe ait le don de nous émouvoir. Si chacun ici-bas devait porter comme Raisin le châtiment de ses fautes et de ses crimes, il y aurait moins de coquins, ils réfléchiraient à deux fois avant de commettre une gredinerie.

lien, et m'a dit que les assassins du Petit-Condom, c'é-
taient lui, un individu né à San-Salvador et un autre,
qui était à Narbonne, blessé.

D. — Etiez-vous avec Guillaumet ?

R. — Non.

D. — Oh! il est bien étrange que Guillaumet, qui
ne vous connaissait pas, soit allé vous faire une pareille confidence.

Et le président ajoute ces mots inouïs :

*Messieurs les jurés auront à apprécier la valeur de ce
témoignage, payé sans doute par la famille Borras.*

On est en droit de se demander si ce singulier président n'était pas déjà atteint du mal dont il souffre aujourd'hui.

A diverses reprises, les avocats des accusés, en présence de révélations nouvelles concernant Rossel, déposèrent des conclusions tendant au renvoi de l'affaire
pour supplément d'enquête; le président Raisin et le
procureur de la République Mignucci les firent repousser, et ce dernier envoya aux témoins à décharge l'expression bien sentie de son mépris.

Le jury rapporta un verdict affirmatif sans circonstances atténuantes. C'est à ce moment que se produisit une révélation spontanée ; elle venait de Villaroubia à un avocat assis au banc de la défense.

Voici comment celui-ci raconte cet incident .

« Je me trouvais au banc de la défense, après le verdict du jury, pendant que la cour délibérait. Villaroubia se pencha vers moi et me dit à voix basse, pas assez haut, je crois, pour être entendu par d'autres personnes : « Que font-ils ? » Je lui répondis en patois :

« Ils étudient la peine. » Villaroubia ajouta : « Que me fera-t-on ? — Vous serez condamné à dix ou vingt ans. — Et les autres ? — Ils seront condamnés à avoir la tête tranchée. — Et même « Borras ? » reprit Villaroubia. — Oui, même Borras. » A ces derniers mots que je prononçais, Villaroubia me dit vivement, toujours à voix basse : « Eh bien, pourtant il n'y était pas. » Je lui dis alors, sur cette déclaration : « Comment le savez-vous ? vous y étiez donc ? — Non, je n'y étais pas. Je ne sais pas si Borras y était. » A ce moment, je fis part de ces propos à deux de mes confrères, que je crois être Mrs Cavaillé et Artozoul. Le lendemain, je fis part aussi de ces propos au président des assises, en lui signalant mes doutes.

Quand cet incident fut raconté, il causa une profonde impression, surtout quand on connut la condamnation à mort.

Un magistrat honnête, une perle dans ce fumier, M. de Crozals, substitut, qui avait suivi les débats, fut dès ce jour convaincu de l'innocence de Borras. Mais ce n'est pas tout : par un hasard presque providentiel, M. Mignucci demanda et obtint un congé. M. de Crozals le remplaça au parquet. Guillaumet, qui avait perdu tout espoir, le fit appeler et lui avoua être l'un des auteurs du crime du Petit-Condom.

Voici un passage de sa déclaration :

« Pendant que je commettais ce vol, Antonio tenait toujours Pradiès par le bras, le menaçant de son couteau s'il criait ; mais il ne l'a jamais frappé devant moi. C'est lorsque j'ai été en possession de cette somme que la femme Pradiès, attirée par le bruit de cette scène, est descendue, une canne à lance à la main, dont elle tenait la lance en avant et pointée sur moi. A ce moment même, je pris la fuite, porteur de l'argent volé, profitant de ce que la porte était entr'ouverte. Antonio voulut me suivre, mais Pradiès, se dégageant un instant de l'étreinte de son agresseur, ferma brusquement la porte, et la bougie qu'il portait et qui éclairait cette scène, tomba de ses mains. Antonio resta donc seul dans la maison, enfermé avec Pradiès et sa femme. C'est alors que dut s'accomplir la scène du meurtre. Antonio se trouva seul avec ses deux victimes et, frappé par la femme d'un coup de lance, dut lui porter des coups de couteau ainsi qu'à son mari.

« J'affirme avec la dernière énergie, comme si je parlais à mon père, que je n'ai pas trempé mes mains dans le sang, et que je me suis contenté de voler. »

Un autre passage plus affirmatif encore :

« Voilà ce que j'ai fait.

« J'ai autre chose à vous dire, non plus dans mon intérêt, mais dans celui de Borras, condamné comme moi, je déclare, et rien ne me pousse à le dire que le sentiment de la vérité et de la justice, que Borras n'est pour rien dans cette affaire. Je n'ai vu Borras ni avant ni après le crime. Il serait éternellement regrettable que ce malheureux garçon fût victime d'une pareille erreur.

« Villaroubia vous dira, comme moi, que si nous étions tous deux à la ferme du Petit-Condom avec Antonio, Borras est resté étranger à nos agissements. »

M. de Crozals, après avoir entendu les révélations de Guillaumet, alla interroger Villaroubia qui se trouvait dans une cellule séparée. « Nous n'étions que trois, lui dit-il, dans cette soirée du 26 mai, Antonio, Guillaumet et moi. J'affirme, sur tout ce que j'ai de plus cher, que Borras n'a pris aucune part au crime, qu'il y est resté complètement étranger, que je ne l'avais pas vu d'ailleurs depuis quatre mois, et ne l'ai revu qu'à la prison de Narbonne. Je déclare donc que Borras est complètement innocent et que, si je n'avais pas proclamé plus tôt son innocence, c'est parce que, ayant jusque-là dissimulé le rôle que j'avais joué dans le Petit-Condom, je craignais de me compromettre en affirmant que Borras n'y était pour rien, et qu'en voulant sauver un innocent, *j'aurais pu me perdre moi-même.* »

M. de Crozals adresse un rapport au procureur général, on ne répond pas ; il en rédige un second :

« Je crois, dit-il, que les déclarations des trois condamnés sont l'expression même de la vérité. Guillaumet, qui est entré le premier dans la voie des aveux, m'a frappé par sa sombre énergie et par l'allure de franchise qu'il imprimait à ses moindres paroles. Si « vous me croyez assez coupable pour m'envoyer à la mort, me disait-il, j'irai courageusement, je saurai mourir ; mais au moins épargnez Borras, il est innocent. Si j'avais deux têtes, ajoutait-il, je voudrais qu'elles tombassent, si je croyais sauver celle de Borras, qui est absolument étranger à cette affaire. Je ne vous ai fait appeler que dans ce but. Quand j'ai appris le rejet de mon pourvoi en cassation, j'ai senti qu'il était temps de parler, et si je ne l'ai pas fait à la cour d'assises, c'est qu'en proclamant l'innocence de Borras, je dévoilais ma propre culpabilité. » En terminant, monsieur le procureur général, laissez-moi vous dire que j'ai l'impression que Borras est victime d'une erreur et que son innocence éclatera certainement à la suite d'un pourvoi en revision. »

« Villaroubia m'a affirmé avec le même accent de sincérité que Borras était complètemeut étranger au crime du Petit-Condom.

« Guillaumet et Villaroubia, chacun de son côté, et sans avoir pu se concerter, puisqu'ils étaient séparés à la maison de justice, ont déclaré que le troisième Espagnol, qui se trouvait avec eux le jour du crime, est le nommé Antonio Rossel, dit Castillon, dont ils donnent l'un et l'autre un signalement précis et concordant. Antonio, qui est réfugié actuellement en Espagne, aurait donné aux deux autres l'idée de ce crime et y aurait joué le principal rôle. »

M. de Crozals, en magistrat qui juge avec sa conscience, fit des démarches et obtint un sursis à l'exécution de Borras.

Il fit part de ses impressions à M. Marcou, mais peu après il était nommé substitut du procureur de la République à Lorient. C'est de là qu'il écrivait à M. Marcou une lettre dont voici les principaux passages.

« Après avoir demandé à Guillaumet s'il persistait dans ses déclarations, je le fis passer dans une pièce voisine et fis venir le troisième complice, Villaroubia, qui, depuis le jour de la condamnation, n'avait plus communiqué avec Guillaumet et Borras, ces derniers se trouvant dans la cellule spéciale des condamnés à mort, Villaroubia entra dans la salle du greffe de la prison où je me trouvais seul avec M. Baux, commissaire-greffier du tribunal.

Je l'interpellai longuement dans ces termes : « Eh bien, Villaroubia, nous savons aujourd'hui ce qui s'est passé au Petit-Condom ; Guillaumet a tout avoué, vous pouvez donc parler à votre aise, non seulement vous n'avez rien à perdre, puisque ne vous étant pas pourvu en cassation, votre sort est aujourd'hui irrévocablement fixé ; mais la justice vous tiendra certainement compte dans l'avenir des révélations que vous ferez, quelque tardives qu'elles soient. » Et comme Villaroubia se retranchait encore dans son système de dénégations absolues, j'ajoutai : « Eh bien, puisque vous persistez à nier, malgré les accusations de vos complices, je vais vous dire ce que m'a avoué Guillaumet. » Et alors, je lui fis le récit de la scène du Petit-Condom, tel que me l'avait fait Guillaumet, en ayant soin, toutefois, d'y faire intervenir Borras et de prêter à ce dernier, dans le drame, le rôle que Guillaumet attribuait à Rossel.

Villaroubia ne me laissa pas achever. Dès que j'eus prononcé le nom de Borras, il s'écria, avec une véhémence qui contrastait étrangement avec l'attitude presque indifférente qu'il avait manifestée en cour d'assises : « Il n'est pas possible que Guillaumet vous ait fait une pareille déclaration. Oui, il est vrai que j'ai participé au crime du Petit-Condom, il est vrai que Guillaumet s'y trouvait ; mais quant à Borras, il est étranger à cette affaire, et si Guillaumet a dit le contraire, il a menti, et je le répéterai en sa présence. »

Et comme j'insistais sur cette prétendue déclaration, Villaroubia, accentuant ses protestations, me pria de faire appeler Guillaumet, pour voir s'il oserait affirmer, en sa présence, la participation de Borras au crime du Petit-Condom.

Je me rendis à son désir et, laissant Villaroubia seul avec le commis-greffier, j'allai moi-même chercher Guillaumet à qui je tins le langage suivant : « Vous allez répéter devant Villaroubia la déclaration que vous venez de me faire, mais vous affirmerez avec la plus grande énergie que c'est bien Borras qui était avec vous deux le jour du crime, et qu'il a participé au meurtre des époux Pradiès. » Guillaumet ne consentit qu'après quelque hésitation à se prêter à cette supercherie, mais, une fois décidé, il se pénétra de son rôle et il le joua très habilement. C'est alors que se produisit cette scène inoubliable, dont l'impression a été si vive sur mon esprit, et qui, à mes yeux, suffirait en l'absence de tout autre élément de preuve, à emporter la solution de ce grand problème.

Villaroubia, en entendant Guillaumet persister à accuser Borras, entra dans une vive colère et, tout rouge d'émotion, il invectiva son complice en lui reprochant la fausseté de sa déclaration en ce qui concernait le troisième condamné.

Et il termine ainsi :

« J'en avais assez vu et entendu. Je dis à dessein vu, car cette scène était aussi instructive par la mimique de son principal acteur que par le langage qu'il tenait. J'étais édifié, et dès ce moment, je fus aussi convaincu qu'on peut l'être moralement de l'innocence de Borras. »

Celui-ci restait cependant au bagne.

Mais, sur ces entrefaites, Rossel est arrêté en Es-

pagne; il fait des aveux à un brigadier de gendar-
merie.

« Vincent et Salvador, dit-il, sautèrent par-dessus le
mur qui entourait la maison et s'introduisirent dans
l'intérieur. Ils demandèrent au maître et à sa femme de
l'argent. Sur leur réponse qu'ils n'en avaient pas, ils
furent assassinés et les assassins leur volèrent six cents
francs. Quant à lui, en présence de ce spectacle et entendant les cris des victimes, il s'enfuit dans la direction de Narbonne. Ayant appris que le maître n'était
pas mort et qu'il avait eu le temps de faire sa déclaration, craignant d'être découvert et redoutant les aveux
de ses compagnons, il retourna en Espagne, et depuis lors, il n'a ni repos ni tranquillité (*ningun so-
siego*) en aucun lieu. »

(Ce mot espagnol est très expressif, il accuse l'état
d'une âme inquiète, agitée par le remords qui lui ôte
tout repos.)

« En vue de quoi, ajoute le brigadier dans son rapport, j'ai l'honneur de mettre aux mains de Votre Excellence le nommé Rossel Lion et à votre disposition,
parce que j'estime qu'il prit une part plus active et plus
directe aux faits relatés, à en juger par les nombreuses
contradictions que j'ai observées pendant l'interrogatoire, et pour que Votre Excellence daigne faire les informations qu'elle croira convenables dans le cas où on
demanderait l'extradition. »

La déclaration fut remise au consul qui l'envoya au
garde des sceaux. La chambre des mises en accusation
nomma un juge instructeur, M. Monsevrin. Celui-ci fit

interroger à nouveau Rossel, gardé en prison. Ce dernier rétracta ses nouveaux aveux.

Le juge, soit par crainte de faire connaître les infamies de son ami Raisin, soit qu'il renonçât à poursuivre une instruction fatigante, soit qu'il se soit dit que la justice ayant son nombre de coupables, il n'y avait pas lieu d'en chercher un autre, le juge, disons-nous, rendit une ordonnance de non-lieu dans laquelle, chose singulière, il s'efforçait d'établir l'innocence de Rossel.

Mais Borras, toujours au bagne, se rongeait les poings, n'attendant plus rien de la justice ; on lui avait fait grâce de la vie, les magistrats déclaraient qu'il n'y avait plus rien à faire.

A une demande de revision du procès, le président Raisin déclarait que l'affaire jugée était bien jugée.

Mais M. Marcou fit tant et si bien, il passa des semaines et des mois à réunir des documents, adressa rapports sur rapports au ministre de la justice. Le hideux Thévenet en enterra deux ou trois, mais le ministre fut changé. Il recommença près de Fallières. Celui-ci fit une enquête, la presse fut saisie de l'affaire, et Borras fut mis en liberté.

Mais ce n'est pas fini, l'infamie des robins n'a pas de limites. Comme on avait recueilli quelques milliers de francs en faveur du malheureux, les magistrats décidèrent de les lui prendre.

Le fils Pradiès fut aisément circonvenu et demanda à Borras 20,000 francs de dommages-intérêts pour le préjudice à lui causé par la mort de son père.

Un juge qui avait tripoté dans la première affaire, présenta la requête devant le tribunal.

Il paraît qu'il y a un article de loi qui oblige Borras à donner une indemnité au fils Pradiès pour n'avoir pas assassiné son père.

— ??

Vous riez ? Il n'y a pas de quoi. Borras a été condamné à mort, puis sa peine a été commuée en celle des travaux forcés pour avoir participé au crime où Pradiès père a perdu la vie.

Borras reconnu innocent fut gracié et remis en liberté. Un immense mouvement de pitié se fit en sa faveur. Une souscription fut ouverte et produisit une dizaine de mille francs.

Une fois, par hasard, le public, ému des douleurs subies par le malheureux Borras, répara ou essaya de réparer le crime commis par les magistrats. Ceux-ci s'acharnèrent après leur victime, tels les tigres après une proie à terre. Cet argent, versé par la pitié publique, il fallait le lui reprendre.

Et dans l'arsenal de lois idiotes, on en trouva une qui dit qu'un condamné, même innocent, dont le procès n'a pas été revisé, est toujours responsable devant la juridiction civile.

Borras est innocent, tout le monde le sait, il n'a pas assassiné Pradiès, et c'est parce que tout le monde l'a reconnu qu'on lui a fait grâce et que le public a essayé de l'indemniser. Donc, s'il a quelque argent, c'est parce qu'il n'a pas tué Pradiès père.

Et conseillé par les législateurs, Pradiès fils demande alors à Borras de payer son père.

Borras répond : « Mais je n'ai rien à payer puisque je ne suis pas coupable. »

« C'est justement pour cela que nous voulons vous faire payer », répondent les magistrats.

Et Borras a été condamné à donner trois mille francs à Pradiès fils pour n'avoir pas assassiné son père.

C'est inouï, c'est stupide, c'est idiot, c'est bête et monstrueux, mais c'est ainsi, explique qui pourra cette machine judiciaire, nous y renonçons.

Nous ne pouvons expliquer la chose que par le dépit qu'a causé aux magistrats la mise en liberté de Borras, qu'ils avaient condamné. Ils ne voulaient pas que leur victime échappât au châtiment qu'ils lui avaient infligé à tort.

Le jour où une société nouvelle rendra la justice, ces infamies ne pourront plus se produire, mais tant que la magistrature constituera un corps privilégié dans un état autoritaire, tant que les magistrats seront les serviteurs complaisants du pouvoir, nous rencontrerons les mêmes atrocités. Serviteurs du ministère, les magistrats savent que le pouvoir les protége, et ils profitent de la situation qui leur est faite.

C'est infâme, odieux, absurde, mais c'est ainsi. Il faudra détruire la cause pour détruire l'effet.

LE PANAMA

La plus grande escroquerie du siècle. — La réputation du grand Français. — Le Suez et le Panama, les responsabilités, les voleurs et les complices.

Le Panama est la plus grande escroquerie du siècle, qui en a cependant bien vu d'autres, et cette formidable filouterie a été accomplie avec le concours du gouvernement, des Chambres, du pouvoir judiciaire et de la presse.

Un milliard huit cents millions ont été engloutis dans cette entreprise. Il est donc nécessaire que nous établissions les responsabilités de ce vol, puisque nous voulons désigner les voleurs à la vindicte publique ; à défaut d'autres jugements, ces pages serviront de pilori.

On s'est plu à chanter dans le monde politique et dans la presse, les qualités et les vertus de M. de Lesseps, et quelques serviteurs zélés lui ont donné le qualificatif de grand Français.

A aucun titre, l'homme ne mérite ce nom, pas même pour avoir fait le canal de Suez, puisque ce n'est pas lui qui est l'auteur du projet.

Grâce à sa parenté avec l'impératrice Eugénie, M. Ferdinand, employé ici comme synonyme d'Alphonse, s'est fait nommer consul de France près du khédive ; il a profité de sa situation dans le haut personnel de la cour égyptienne pour s'emparer des projets de canal.

Les projets en main, M. de Lesseps chercha de l'argent; mais, selon les documents qu'il avait en mains, le canal devait coûter deux cents millions. Le cousin de l'impératrice pensa qu'il était difficile d'escamoter trois cents millions, et il doubla les frais, tout en diminuant la largeur du canal de moitié.

En 1868, il tenta une émission de cent millions d'obligations; l'argent, qu'il jetait cependant à pleines mains, ne lui avait pas encore valu le titre de grand Français. Son émission échoua, il ne récolta que la maigre somme de trente-deux millions.

Si le canal de Suez fut terminé à cette époque, c'est que l'empereur, cousin par alliance de Ferdinand, intervint, qu'une loi fut la conséquence de cette intervention, et, en juillet 1868, la Compagnie fut autorisée à contracter un emprunt de cent millions par voie d'obligations à lots. L'affaire réussit cette fois, et M. de Lesseps *gagna* une fortune considérable.

Mais il ne méritait point pour cela le titre de *grand Français*. Grâce à la réclame qu'il sut se faire faire, il devint un homme considérable.

*
* *

Riche, honoré, fêté, M. de Lesseps rêva de faire quelque chose de grand qui grossirait considérablement sa fortune, et, en 1878, il entra en relation avec un M. Bonaparte Wyse qui avait obtenu du gouvernement colombien la concession de l'isthme de Panama et la céda à la bande Lesseps et consorts.

4

Avait-on le désir de percer le Panama? Jamais de la vie! Il s'est trouvé des gogos et des imbéciles, nous voulons bien le croire, mais les promoteurs de l'entreprise n'ont jamais eu d'autre espoir que de garnir leurs poches.

On provoqua en 1879 un congrès international, et on évalua les dépenses de l'entreprise pour un canal à niveau à un milliard soixante-dix millions; ces mêmes évaluations promettaient également un rapport annuel de soixante millions. C'était déjà beau comme puffisme, mais ce fut sur ces données toutes de fantaisie que fut tentée l'émission de 800,000 actions de cinq cents francs, les 6 et 7 avril 1879.

L'émission échoua piteusement, mais les flibustiers qui avaient décidé l'entreprise et qui voulaient absolument faire de l'argent avec les parts de fondateurs qu'ils s'étaient attribuées, n'étaient pas hommes à abandonner l'entreprise. Ces parts de fondateurs s'élevaient à environ 450 millions, et cette petite somme ne se rencontre pas tous les jours.

Le chiffre donné avait effrayé le public auquel on faisait appel : il fallait changer l'amorce.

Le 1er septembre 1879, on inséra dans le bulletin officiel de la Compagnie un article disant que le chiffre des dépenses du canal à niveau ne serait en réalité que de six cent douze millions.

On trouva moyen de faire revenir la commission technique sur ses premières évaluations; les chiffres donnés en février et mars 1879 furent réduits en février 1880 à 843 millions.

M. de Lesseps, le *grand Français*, l'homme universel,

avec sa haute et absolue compétence, intervint à son tour, et de son coup d'œil d'aigle malade, il déclara que le canal pouvait être fait avec 658 millions.

Enfin, deux ingénieurs du Suez, MM. Couvreux et Hersant, s'obligèrent par un contrat à exécuter à forfait le canal de Panama, moyennant 512 millions.

Et en même temps que l'on baissait le prix des sommes nécessaires au percement du canal, dans le but de rendre confiance au public dans les plans du *grand Français*, on élevait les chiffres que devait rapporter le canal, espérant ainsi amadouer les petits capitalistes en leur promettant jusqu'à 8 0/0.

Quand le public fut assuré que le canal ne coûterait presque rien, et qu'il rapporterait beaucoup, on tenta l'émission de 600 millions en obligations de 500 francs. L'opération eut lieu les 6 et 7 décembre 1880. L'émission, grâce aux mensonges débités sur le canal, fut largement couverte.

La Société fut constituée par contrat devant M° Champetier de Ribes, notaire à Paris, le 20 décembre 1880.

A ce moment, M. de Lesseps et ses complices savaient depuis longtemps que le canal à niveau n'était pas praticable et qu'un canal à écluses seul était possible.

La chose leur importait d'autant moins qu'ils n'avaient l'intention de faire ni l'un ni l'autre.

*
* *

Il y a des lois, il y a une jurisprudence, mais lois et jurisprudence ne sont pas faites pour les millionnaires.

C'est sans doute ce qui explique que les administrateurs de la Société n'ont pas été punis pour les délits de dol, de fraude et d'escroquerie qu'ils avaient commis. Ils tombaient cependant sous le coup de l'art. 405 du Code pénal et de l'art. 15 de la loi du 24 juillet 1867 (1).

* *

Nous avons dit plus haut que le gouvernement était complice, ainsi que les Chambres, nous allons le prouver.

Tous les hommes du métier, tous les ingénieurs sa-

---

(1) Ces articles sont ainsi conçus :

Art. 405. Quiconque, soit en faisant usage de faux noms ou de fausses qualités, soit en employant des manœuvres frauduleuses pour persuader l'existence de fausses entreprises, d'un pouvoir ou d'un crédit imaginaire, ou pour faire naître l'espérance ou la crainte d'un succès, d'un accident ou de tout événement chimérique, se sera fait remettre ou délivrer, ou aura tenté de se faire remettre ou délivrer des fonds, des meubles ou des obligations, dispositions, billets, promesses, quittances ou décharges, et aura, par un de ces moyens, escroqué ou tenté d'escroquer la totalité ou partie de la fortune d'autrui, sera puni d'un emprisonnement d'un an au moins et de cinq ans au plus et d'une amende de cinquante francs au moins et de trois mille francs au plus.

Art. 15 de la loi du 24 juillet 1867. « Sont punis des peines « portées par l'art. 405 du Code pénal, sans préjudice de l'appli« cation de cet article à tous les faits constitutifs du délit d'es« croquerie :

« 1° Ceux qui, par simulations de souscriptions ou de verse« ments ou par la publication faite de mauvaise foi de souscrip« tions, ou de versements qui n'existent pas, ou de tous autres « faits, ont obtenu ou tenté d'obtenir des souscriptions ou des « versements. »

vaient que le canal à niveau était impraticable. Un ingénieur, envoyé par le gouvernement, M. Rousseau, concluait dans son rapport à l'impossibilité de faire le canal à niveau dans les conditions annoncées, mais il donnait la possibilité d'un canal à écluses devant coûter 572 millions.

Ce rapport est gardé secret, sauf un passage ou deux que le journal *le Temps* publie par indiscrétion.

Le grand public n'a eu connaissance de ce rapporque depuis la faillite du Panama.

Le gouvernement est donc responsable des escroquetries commises pour n'avoir pas fait connaître la vérité et les Chambres pour n'avoir pas exigé des explications.

*
* *

En juin 1888, quand la loi fut votée, la Compagnie jugea qu'elle n'avait pas de temps à perdre.

Elle constitua une Société civile dont les président et administrateurs étaient les mêmes que ceux de Panama. On recommença vers le public une nouvelle campagne de presse. Une émission de 2 millions d'obligations eut lieu, mais le public se méfiait déjà et 850 mille obligations seulement furent souscrites.

Pour respecter la loi, la Compagnie aurait dû rendre l'argent, puisque les obligations émises n'étaient pas souscrites.

Mais MM. de Lesseps et *tutti quanti* ont pensé que l'argent, qui était bon à prendre, était bon à garder. Le gouvernement et les Chambres n'intervinrent pas pour faire rendre l'argent.

4.

Les complicité · nous semblent bien établies.

*
* *

Coup de tonnerre : le 14 décembre, six mois à peu près après avoir demandé l'argent au public, la Compagnie de Panama cessa ses paiements.

Mais, comme on se doutait qu'il restait encore quelques économies durement amassées chez des petits commerçants, employés et ouvriers, on tenta une série de coups de bourse, dans le but de faire vendre presque pour rien les actions aux désespérés de l'entreprise, et de les revendre avec un beau gain aux premières bonnes nouvelles.

Les gens du Panama firent alors demander aux Chambres l'autorisation de proroger pendant un délai de trois mois le paiement des sommes dont ils étaient débiteurs. Cela était absolument illégal, le pouvoir judiciaire avait seul le droit d'intervenir dans ce cas-là.

La Chambre rejeta la proposition après un débat de deux jours, 14 et 15 décembre 1888.

Les débats qui eurent lieu démontrèrent que la Compagnie du Panama était une société commerciale, qu'elle pouvait être mise en faillite, mais que, vu la gravité des circonstances, il y avait lieu d'espérer que le tribunal de commerce ne la déclarerait pas, tout au moins immédiatement.

Le projet des filous du Panama rejeté à la Chambre, divers porteurs de titres saisirent le pouvoir judiciaire civil et non les tribunaux de commerce de diverses demandes. Le tribunal civil nomma trois administrateurs.

Il s'agissait de sauver les grands hommes, Juifs et

Français du Panama. Alors, avec la complicité de tous les porteurs de charges, juges complaisants, robins, avocats et rodins avoués, un jugement fut rendu, décidant que la Compagnie du Panama était une société civile (1).

La farce était jouée ; les gens du Panama étaient hors d'atteinte, puisqu'une société civile ne peut pas être mise en faillite. Ils gardaient l'argent volé à l'épargne française et les créanciers ne pouvaient les faire mettre en faillite pour récupérer une parcelle de leur argent.

Cependant, les conditions essentielles de la loi du 8 juin 1888 n'avaient pas été scrupuleusement observées, les administrateurs du Panama tombaient sous l'application des art. 1, 2 et 3 de la loi du 21 mai 1836 et 410 du Code pénal.

Le pouvoir judiciaire, en ne poursuivant pas, affirmait de plus en plus sa complicité avec les filous du Panama, et les complices responsables qui étaient à la tête du gouvernement. Ceci, maintenant, est un fait établi, mais nous n'avons pas fini.

***

Les administrateurs de la Compagnie de Panama avaient réussi à faire nommer comme administrateurs judiciaires un sénateur nommé Denormandie, ancien avoué, dont le fils est lui-même avoué à Paris ; M. Hue,

(1) Jugement de la première chambre présidée par M. Aubépin, en date du 4 février 1889 et par un jugement de la cour de Paris du 4 mars 1889.

liquidateur judiciaire, ami particulier du présidnt Aubépin, qui était lui-même intime de M. de Lesseps, puis M. Baudelot, président au tribunal de commerce.

Comme on connaît les saints on les honore. Les gens au courant des coulisses judiciaires, en apprenant la nomination de ces personnages, eurent de suite la certitude que les administrateurs et promoteurs du Panama échapperaient à toute responsabilité pécuniaire et pénale.

On constitua l'Union des actionnaires et obligataires, sous la présidence du comte Dilhan, le siège de l'Union des actionnaires était boulevard Haussmann, et son but était de servir la Compagnie. On constitua des sous-comités en province et à Paris.

Diverses réunions eurent lieu, la principale fut celle de l'Hippodrome de Paris. La voix des réclamants fut couverte par les clameurs de gens payés par la Compagnie, et M. Brunet, ancien ministre réactionnaire du 16 Mai, fut acclamé comme liquidateur.

Un jugement du 4 février 1880 lui confirma ce titre.

M. Brunet, nommé dans le but d'empêcher des poursuites contre les administrateurs, ne trompa pas leur confiance. Il aurait dû réclamer que la Société du Panama redevînt société commerciale, il ne le fit pas ; il aurait dû demander l'application des lois pénales contre les administrateurs, qui n'ont pas scrupuleusement observé les termes et conditions essentielles de la loi du 8 juin 1888, — il n'en fit rien.

Il aurait dû sais'r le pouvoir législatif d'un projet de loi, modifiant, appliquant et complétant ladite loi du 8 juin en réduisant les lots, proportionnellement aux

850 mille obligations souscrites, en détruisant les 1150 mille obligations non souscrites, puisque ces obligations ne pouvaient plus l'être, il aurait dû, en outre, faire détruire la roue pour empêcher les administrateurs de ces actions non souscrites de participer aux tirages et de gagner les lots qui, par un hasard particulier, venaient toujours aux gros numéros que possédaient ces messieurs.

M. Brunet ne fit rien de cela.

Rien, au contraire.

M. Brunet continua les tirages en se servant de la fameuse roue et fit participer auxdits tirages les porteurs des 1150 mille obligations non souscrites, et naturellement, ce sont ceux-là qui ont gagné les gros lots.

Il fit demander au pouvoir judiciaire l'autorisation de faire recouvrer les versements restant à faire sur les obligations de l'émission de juin 1888 ; il restait à verser pour chaque obligation 180 francs, en même temps, il demandait au pouvoir législatif l'autorisation de céder, sans limitation de prix, les 1150 mille obligations restant à souscrire, alors qu'il n'ignorait pas que des porteurs et obligataires avaient demandé la destruction de ces obligations.

Par cela M. Brunet établissait suffisamment sa complicité ; cependant, nul ne songe à le poursuivre.

.·.

En présence de la situation qui leur était faite, les porteurs de titres fondèrent une association pour défendre leurs intérêts. Ils nommèrent MM. Hugelmann, Saulnier et Loubaresse comme directeurs (1).

M. Saulnier avait été spécialement chargé de la partie juridique et de suivre les procès.

Alors commença la lutte entre les volés et les voleurs.

Nous avons dit que les obligataires à lots, de l'émission du 8 juin 1888, qui ne s'étaient pas libérés, redevaient, au mois de décembre 1888, la somme de 180 francs, exigibles par quartiers, en février, mai, août et novembre 1889.

Nous avons dit aussi que, du moment que les conditions essentielles de la loi du 8 juin n'avaient pas été rigoureusement observées, il devait être fait contre les administrateurs l'application de certaines lois pénales.

La Compagnie ne tenant pas ses engagements, les obligataires à lots étaient libres de ne pas tenir les leurs. C'est ce qui ressort du discours prononcé au Sénat par M. Bozérian (2), avocat à la Cour de cassation, dans la

____

(1) Sur cette affaire de Panama vient s'en greffer une autre, l'affaire Hugelmann. Pour ne point mélanger les deux, nous traiterons l'affaire Hugelmann dans une autre partie du livre, elle est d'ailleurs d'une importance excessive.

(2) Voici un passage du discours à l'*Officiel* du 5 juin :

« Mais je suppose que l'émission ait lieu. Est-ce que tout est
« fini? Mais non! tout peut recommencer exactement comme je
« le disais tout à l'heure, tout se passera comme en matière de
« société. Qu'un individu qui a souscrit estime que le pro-
« gramme n'est pas rempli par la Compagnie du Panama. Que va-
« t-il faire ? Il va faire ce que fait le porteur d'un titre d'une so-
« ciété entachée d'un vice entraînant la nullité : Il demandera la
« nullité de l'opération, et s'il a apporté son argent, il en récla-
« mera la restitution. »

séance du 4 juin, et comme ils refusaient de payer davantage puisqu'ils jugeaient leur argent en mauvaises mains, il ne pouvait être formé contre eux aucune action en justice.

M. Brunet, le protégé, devenu le complice des administrateurs, eut bien vite tranché l'affaire.

Il fut stipulé, en haut lieu, que M. Durier, bâtonnier de l'ordre des avocats, plaiderait seul toutes les affaires de Panama pour M. Brunet, et que M. Denormandie, avoué, le fils du sénateur compromis, se présenterait pour le même Brunet dans toutes les affaires. Ainsi commença la comédie où forcément les porteurs de titres devaient être battus.

Ce fut M. Guien, le beau-frère de M. Dilhan, un complaisant obligataire à lots, qui commença le feu : il demanda la nomination d'un séquestre pour les versements restant à faire en assignant en référé la Compagnie de Panama et la Société civile.

Vous allez voir, mes amis, comment les lois et les hommes qui en vivent protègent les faibles.

Par ordonnance de référé du 29 janvier, M. Hue, un intime ami de M. Aubépin, déjà cité, fut nommé séquestre.

Le 4 février, M. Brunet est nommé liquidateur. Dès le 15, il assigna M. Hue, la Société civile et M. Guien, avec la prétention de faire juger que toutes les sommes encaissées et à encaisser lui seraient remises en totalité; il espérait qu'aucun obligataire n'oserait intervenir et, dans ces conditions, obtenir un jugement très promptement.

M. Saulnier et ses co-associés avaient fait défense à

M. Hue de verser des fonds, et le séquestre dut les mettre en cause par exploit en date du 27 février.

Ces messieurs durent constituer pour avoué M. Ducaruge.

Plusieurs obligataires intervinrent alors et se firent assister de divers avocats, parmi lesquels figurait M. Lacoin, cité déjà dans ce livre, *affaire Payot* (on le retrouve souvent quand il y a une sale besogue à accomplir).

Aucun des avocats ne voulut demander l'application de la loi pénale.

Aucun ne voulut faire le nécessaire pour faire annuler le jugement faisant de la Société du Panama une Société civile, alors qu'elle ne devait être qu'une Société commerciale.

Le mot d'ordre était donné, on devait s'incliner devant le bâtonnier de l'ordre des avocats; tant pis pour les justiciables!

L'association des porteurs de titres du Panama intervint alors avec M. Saulnier. Celui-ci eut avec MM. Tezenas et Ducaruge plusieurs conférences; mais ils ne consentirent, sous aucun prétexte, à prendre des conclusions légales pour demander l'application des lois civiles et pénales.

On sait que, pour instrumenter, il est nécessaire d'être représenté par un avoué ou un avocat, selon les cas.

Enfin, M. Tezenas consentit à rédiger des conclusions, mais M. Ducaruge refusa de les signifier comme avoué.

Peu après, M. Tezenas désigna un autre avoué,

M. Mercier, son ami, pour le remplacer ; c'était le 3 mai.

Le 4 mai, après avoir fait un tour au Palais de Justice, il écrivit à ses clients qu'il abandonnait définitivement l'affaire (1).

Il ne faut pas oublier ici que l'affaire avait de l'importance, puisque les intérêts des porteurs de titres étaient collectifs et que ceux-ci allaient se trouver dans l'impossibilité de faire défendre leurs intérêts, puisque le procès commençait le 12 mai.

Une demande fut adressée au président du tribunal pour le mettre en demeure d'avoir à désigner un avoué d'office.

M. Paul Roche fut désigné le 14 mai, le procès était commencé depuis deux jours.

(1) Voici sa lettre :

Paris, le 4 mai 1889.

Mon cher ami,

J'ai mûrement réfléchi après notre conférence d'hier à la situation qui m'est faite dans l'affaire du Panama. J'estime qu'il n'est pas possible d'en rester chargé.

Elle comporte, en effet, un travail si long et si délicat qu'il ne me serait pas possible de l'effectuer d'une façon utile, surchargé d'affaires comme je suis en ce moment.

C'est un procès auquel il faut, pour le mener à bien, consacrer, sinon tout son temps, au moins une partie très importante de ce temps ; or, vous comprendrez aisément que les conditions dans lesquelles je m'en suis chargé ne me permettraient pas de le faire.

Je n'ai pas besoin d'ajouter, n'est-il pas vrai ? que je suis à votre entière disposition, soit pour vous guider dans le choix d'un confrère, soit pour vous être utile de toute façon possible. Bien cordialement à vous.

Signé : Maurice Tezenas.

5

L'association des porteurs de titres avait préparé un projet d'assignation en correctionnelle contre les administrateurs, MM. de Lesseps et consorts, pour demander contre eux l'application des lois ; en même temps, ils s'adressaient au Parlement par voie de pétitions.

Le parquet, auquel l'assignation fut adressée, la renvoya au procureur général, en raison de la qualité de M. Ferdinand de Lesseps, grand'croix de la Légion d'honneur.

Le procureur général refusa de poursuivre. Cependant il y était obligé, d'après les termes impératifs de l'article 479 du Code d'instruction criminelle.

Après diverses conférences et alternatives de reprises de l'affaire par Tezenas et Mercier, les porteurs de titres firent faire des conclusions motivées qui furent adressées à M. Paul Roche et aux membres du tribunal, à toutes les parties en cause, leurs avoués et leurs avocats.

C'était alors le 14 juin. Le 18, M. Roche répondit qu'il ne pouvait accepter l'affaire.

Le président désigna alors M. Goujet.

M. Saulnier fut averti le 23 juin. L'affaire revenait le 26 ; sur sa demande, elle fut renvoyée au 3 juillet.

Il présenta lui-même sa plaidoirie et démontra sans peine le bien-fondé des demandes et prétentions contenues dans ses conclusions.

Le jugement fut rendu le 26 juillet, et M. Brunet perdit son procès. Mais il était arrivé à ses fins : il n'avait pas été obligé de demander contre les administrateurs du Panama l'application de la loi pénale. Mais M. Saulnier n'obtint pas davantage gain de cause.

Il avait demandé à surseoir au jugement jusqu'après la décision du pouvoir législatif et jusqu'au résultat de la plainte en action publique. Le tribunal refusa le sursis en violant la loi, bien entendu.

Le tribunal, cependant, lui accorda acte de ses réserves en ce qui concernait la constitution du Panama en Société civile, alors que cette association ne pouvait être qu'une Société commerciale.

Il faut croire que la plaidoirie avait été assez bien menée, car le lendemain M. Saulnier recevait de M. Tezenas la lettre suivante :

« J'ai appris, dit M. Tezenas, que vous avez plaidé de
« la façon la plus complète et la plus utile. Je vous en
« félicite bien sincèrement et vous souhaite de grand
« cœur un succès complet. »

Ce succès ne devait, hélas! pas venir ; l'association des porteurs de titres se heurtait à tous les privilégiés, à tous les monopoles judiciaires, à tous les hauts bandits de la finance, à tous les pouvoirs de la société bourgeoise.

*
* *

Il est bien avéré, par tout ce qui précède, que le pouvoir législatif a été, dès la première heure, complice des filous du Panama.

Quand la justice a été saisie de l'affaire, les *honorables* magistrats qui la composent ou qui la représentent ont cherché à leur tour à tirer parti de la situation.

*
* *

Nous avons vu, dans les pages qui précèdent, le liquidateur Brunet s'efforcer et parvenir à mettre ses amis les administrateurs à l'abri des poursuites. Quand il eut réussi, il prétexta une maladie quelconque, — généralement ces sortes de maladies sont d'une complaisance excessive, elles ont le soin de venir toujours à propos, — et M. Brunet donna sa démission. Il avait, lui aussi, gagné une jolie fortune en permettant à ses bons amis de garder le fruit de leurs rapines. Qui donc encore osera dire que, dans ce vain monde, l'amitié est un vain mot?

On lui donna comme successeur M. de Monchicourt, liquidateur judiciaire.

Nous allons examiner l'œuvre de celui-ci:

M. de Monchicourt a fait annoncer, presque à son de caisse, qu'il allait faire commencer des poursuites contre M. de Lesseps. C'était une nouvelle comédie, hâtons-nous de le dire, combinée d'accord avec la magistrature, et uniquement pour donner un semblant de satisfaction à l'opinion publique; cela est d'autant plus vrai qu'il invoqua, pour faire commencer les poursuites, la loi du 24 juillet 1867, et en agissant ainsi, il savait bien ce qu'il faisait; il savait aussi que les administrateurs des sociétés civiles ne sont pas responsables. Les magistrats complices savent cela aussi; mais ils se sont bien gardés de parler.

Ces messieurs savent aussi que les actionnaires sont responsables de tout le passif, conformément aux articles 1863 et 1864 du Code civil.

C'est ce qu'ils savent de mieux, et nous dirons pourquoi.

Finissons avec M. de Monchicourt: s'il eût été intègre et honnête, son premier devoir était de demander l'annulation du jugement qui faisait de la Compagnie du Panama une Société civile.

En n'agissant pas ainsi, il a nettement établi qu'il entendait continuer, ou à peu près, les procédures suivies par son prédécesseur.

Donc, c'est un complice!

Et que l'on ne vienne pas nous dire : il ne savait pas. De deux choses l'une : ou c'est un complice, ou c'est un imbécile; si c'est un imbécile et s'il prétend invoquer pour se couvrir le *Je ne savais pas*, il n'avait qu'à rester chez lui et à laisser la place à d'autres; la place d'un imbécile n'est pas à la tête d'une affaire où dix-huit cents millions sont engagés.

*
**

La cour d'appel a chargé M. Prinet d'instruire l'affaire.

C'est un vieux juge d'instruction très roublard. On le dit très capable, mais c'est une erreur, — très malin plutôt, ignorant son droit. — Il commettra, pour obtenir des aveux de pauvres diables, dans certaines affaires criminelles, toutes sortes de manœuvres frisant la mauvaise action.

Il n'est pas à une infamie près. Quand sa conscience lui reproche quelque chose, il va s'en confesser à l'abbé Vasseur, vicaire de Saint-Sulpice. L'infamie est effacée par l'absolution, et le lendemain, le soir même, M. Prinet peut recommencer.

Au civil comme au criminel, c'est un retors; mais il a la capitulation facile, pour peu que le prévenu montre patte blanche et portefeuille garni.

Nous établissons que M. Prinet, comme les autres, a joué une comédie dans le but de satisfaire l'opinion publique, en disant qu'il a fait saisir dernièrement les livres de comptabilité du Panama, et il y a trois années que la Société est en liquidation !... Pendant ces trois années de complaisance, que n'a-t-on pas fait ?

D'ailleurs, le sieur Prinet a été nommé tout récemment conseiller à la cour. Il avait tant de titres avouables et inavouables à cette haute position que la charge qui lui a été concédée ne nous a pas surpris. Les magis'rats concussionnaires et complaisants ont trouvé dans M. Prinet, le juge d'instruction vénal et corrompu, le compagnon digne d'eux.

*
* *

Il ne s'agit pas toujours de dire que la loi a été violée, que les codes ont été foulés aux pieds : il n'est pas mauvais que nous étayions notre argumentation de preuves flagrantes qui ne permettent plus de douter.

Aussi nous avons demandé à un homme de loi, un homme du métier, M. Saulnier, qui a fait de remarquables travaux, une consultation juridique, que nos lecteurs trouveront à la fin de ce volume. — Polémiste, nous faisons de la polémique et laissons à ceux qui connaissent à fond les lois et les codes, le soin de les commenter.

*
* *

Mais il nous a semblé indispensable de donner à ceux que la chose intéresse une marche à suivre, s'ils désirent rentrer dans l'argent qui leur a été volé. Nos lecteurs nous sauront gré de notre œuvre.

Nous devons le dire : les gens qui ont mis leurs économies dans le Panama nous intéressent bien moins
que les ouvriers qui ne mangent pas tous les jours,
ceux qui se font voler ont au moins l'argent qu'on
leur vole, et les autres ne mangent pas parce qu'ils
n'ont ni pain ni argent pour en acheter. J'ai de la com-
misération pour les uns et une immense pitié pour les
autres.

Cependant, je connais des pauvres diables, bien pauvres, en effet, ils s'étaient mis à quatre pour acheter sur
leurs économies une obligation à lots ; ils se privaient
de tabac, du verre de tord-boyaux le matin en allant au
travail, pour payer sur ces économies leur obligation
pour quatre.

Quand ils ont eu le précieux papier, ils le gardaient
chacun une semaine, et le dimanche ils passaient la
soirée ensemble pour le confier à un autre.

Ils avaient entendu dire que vingt ouvriers mettant
chacun un sou avaient gagné à une loterie quelconque
que un lot de cent mille francs.

Et vaguement, ils entrevoyaient dans le gain futur du
bien-être pour les femmes et les petits, un plus beau
logement, des habits plus propres et tout ce que rêvent
les pauvres.

Hélas ! ils ont pleuré quand ils ont vu qu'on les
avait volés. Ils ont pleuré, et même pour cela, ils se
réunissaient à quatre. Les larmes mêlées diminuent la
douleur.

— Ah ! si nous avions su ! disaient-ils.

— Ah ! si nous tenions de Lesseps dans un petit
coin !

Et pourquoi pas! c'est une idée, cela.

Oui, c'est une idée!

Combien sont dans le même cas que les quatre amis que j'ai connus ?

Combien se sont privés du nécessaire pour avoir du Panama ?

Combien y ont englouti leurs économies ?

M. Alphonse, pardon, Ferdinand de Lesseps a déclaré à des porteurs de titres qui étaient allés lui exposer leurs doléances :

« Je ne possède rien, je n'ai jamais rien possédé, je n'ai jamais eu que mes appointements du conseil; la fortune est à madame de Lesseps, et je ne peux pas en distraire un sou. »

Le vieux coquin, après être arrivé par les femmes, enrichit les femmes des dépouilles arrachées aux pauvres gens.

C'est dans l'ordre.

Mais dans le peuple, on a une justice simpliste, mais expéditive.

Jacques a prêté dix francs à Paul, celui-ci les gaspille et refuse de les rendre sous prétexte qu'il ne les a plus.

J'ai vu, au sortir de l'usine, le samedi de quinzaine, le Jacques filouté par Ferdinand ou par Paul — lui dire :

— Veux-tu me rendre mon argent ?

— Non.

— Pan! Veux-tu me rendre mon argent ?

— Non!

— Pan! pan!

Et Paul recevait une belle tripotée ; honteux et confus, il tirait l'argent de sa poche et payait. Il gardait les coups reçus.

J'en ai vu d'autres aller dans le ménage même de l'autre, et lui dire :

« Je t'ai prêté tant, tu ne m'as pas remboursé, je prends ta montre. Quand tu m'auras remboursé, tu auras ton bien. »

Et l'autre payait.

Si de solides gars se rendaient à l'hôtel du filou qui cumule les fonctions de perceur d'isthmes en chambre avec celle d'académicien, et qu'ils lui disent :

« Tu vas rendre notre argent, ou je t'étrangle. »

M. Alphonse-Ferdinaud trouverait de quoi payer quoiqu'il n'ait pas le sou.

Et si au lieu d'étrangler le vieil écumeur de bourses, ils emportaient les bijoux et les objets d'art, nous ne savons pas trop ce qu'un jury ferait contre eux, surtout s'ils se défendaient ainsi :

— Il y a peut-être parmi vous, messieurs les jurés, des porteurs de titres du Panama ; vous avez été comme moi filouté par M. de Lesseps et ses amis.

Moi, je n'avais que ces quelques pièces d'or, je les gardais pour la maladie prochaine ou pour l'éducation du petit.

On m'avait tant raconté dans les journaux et à la Chambre, que j'ai cru ces messieurs et j'ai mis là tout mon avoir ; je pensais bien le retrouver quand j'en aurais besoin, mais tout a été perdu, et vous savez, messieurs les jurés, dans le peuple, l'argent est dur à gagner.

5.

Je sais bien que je n'avais pas le droit de tordre le cou à M. de Lesseps, ni de lui prendre une pendule de mille francs.

Mais il m'a pris, lui, toutes mes maigres économies avec la complicité des journaux et des députés.

Je me suis adressé aux juges ; ils m'ont condamné à verser encore de l'argent et je n'en ai plus ; ayant à rendre la justice aux faibles, ces messieurs la vendent aux riches, c'est plus profitable pour eux, mais que voulez-vous que je devienne ?

Je me suis fait justice, j'ai peut-être bien eu tort, mais dites-moi, messieurs les jurés, donneriez-vous raison à ceux qui m'ont volé, si vous avez été volés vous-mêmes par eux?

S'il y avait quelques porteurs de titres dans le jury, nous doutons fort qu'ils condamnent celui qui se serait fait justice dans de telles conditions.

Ceux qui voudront aller jusqu'au bout de la légalité trouveront la marche à suivre, à la fin du livre dans l'excellente consultation de M. Saulnier ; ceux qui ne croient plus à la justice des magistrats réfléchiront. (Voir aux Annexes A.)

Car il n'est pas admissible qu'on enlève 1800 millions à la petite épargne, qu'on draine les économies des plus pauvres ménages avec la complicité de la presse payée, du parlement pourri jusqu'aux moelles et de la magistrature, prête à toutes les forfaitures, à toutes les prévarications, sans qu'une vengeance individuelle se produise.

Pagot a voulu tuer l'avoué qui avait aidé à le voler ; le jour où quelqu'un des 800,000 porteurs de titres du Panama aura passé de la parole à l'action, vous verrez la bande de filous du Panama entrer dans la voie de la restitution.

Ce jour-là, les lois que nous citons deviendront inutiles, pour deux raisons : la première, c'est qu'elles n'auront point servi dans cette occasion, la seconde, c'est que les gens qui sont chargés de les appliquer ne songent qu'à les violer quand cela doit leur rapporter.

AFFAIRE HUGELMANN

Les loups ne se mangent pas entre eux, dit un vieux dicton populaire. Les coquins non plus; nous allons en avoir la preuve dans cette affaire Hugelmann.

Il est peut-être arrivé à ceux qui nous font l'honneur de nous lire de discuter avec un maniaque ou un homme de mauvaise foi, et d'entendre celui-ci dire avec l'accent d'une profonde conviction :

— Deux et deux font cinq.

— Pardon, deux et deux, cela fait quatre.

— Cinq.

— Quatre.

— Je vous dis que cela fait cinq et je vais vous le prouver.

Dans la situation, il est certain qu'un homme de bonne foi n'attendra pas la démonstration, il tournera le dos à celui qui veut établir, preuves à l'appui, que deux et deux font cinq, et il aura raison.

Mais dans cette affaire Hugelmann, deux et deux ne font pas même cinq, ni vingt-deux, comme l'ont prétendu certains blagueurs, mais ils font ce que l'on veut.

Il y a là toute une collection de filous, une catin, un avoué, un notaire, des magistrats, qui sont des catins dans leur genre, un syndic de faillites, des banquiers véreux, toute la lyre, quoi; tout ce qu'il y a de sale, de gluant, de féroce et lâche dans l'arche de Noé de l'humanité, y est représenté. La collection est complète. Quand on demande devant eux combien produisent deux multipliés par deux, ils se consultent du regard et, quand l'un a répondu deux et deux, mais ça fait soixante et onze et demi, tous répètent comme des échos deux et deux font soixante et onze et demi.

— Prouvez-moi alors?

— Pas la peine, nous affirmons, et on ajoute même : Vous êtes encore bien naïf de croire que deux et deux font quatre.

On nous a dit qu'il y avait une justice et des juges en France; ce serait vrai, sans doute, si les juges n'avaient pas un sac d'écus au lieu de conscience.

Il paraît que certaines lois et certains articles de codes prouvent clair comme le jour que deux et deux font quatre.

Il paraît même que les gens qui sont filoutés peuvent le prouver au moyen de ces codes et de ces lois.

Ils ont essayé de le faire et naturellement on les a reçus comme on reçoit ceux qui affirment que deux et deux font quatre dans les sociétés qui veulent absolument que deux et deux fassent soixante et onze et demi.

— Vous vous plaignez ?

— Mais, oui.

— Vous feriez mieux de rester tranquille.

— Mais, monsieur, je suis volé et je le prouve.

— Peuh ! un article de loi, ça ne compte pas.

— Mais ces preuves, ces documents?

— Est-ce que ça compte ?

— Mais enfin, je demande justice.

— Vous me demandez justice à moi! Ah! çà, pour qui me prenez-vous? Croyez-vous que je ne sais pas mon métier? Ah! vous demandez de l'argent aux autres, c'est vous qui allez en donner. Ah! vous voulez qu'on mette un tel en prison parce qu'il a violé la loi. C'est vous qui irez parce que vous l'avez défendue; elle n'a d'ailleurs pas besoin de vous. Vous prétendez avoir raison, je vous dis que vous avez tort, et puisque vous vous obstinez à dire que deux et deux font quatre, moi j'affirme que deux et deux font dix-sept, et comme je suis le plus fort, je me contente de cette loi. D'ailleurs, les autres sont nulles et non avenues, quand nous n'avons pas d'intérêt à les appliquer.

Voilà à peu près ce qu'ont répondu les magisrats, complices des catins et des filous, quand les victimes ont demandé justice.

.·.

Etablissons les faits.

Quand le Panama tomba en déconfiture, quelques hommes tentèrent de défendre les intérêts des pauvres gens lésés. Une association fut fondée, qui avait pour titre : *Association des porteurs de titres du Panama*. MM. Hugelmann, Loubaresse et Saulnier en furent nommés directeurs.

Voici, d'ailleurs, les statuts de cette association :

« Art. 1er. Il est formé entre les porteurs présents et les autres porteurs de titres de la Compagnie universelle du canal interocéanique de Panama, dont le siège est à Paris, 46, rue Caumartin, une association pour la défense de leurs droits, actions et intérêts et notamment : 1° Pour rechercher et étudier les voies et moyens les plus propres à continuer l'entreprise du canal interocéanique, pour désigner et nommer tous les ingénieurs et autres personnes compétentes, afin de se rendre compte de l'état des travaux exécutés, ceux qui restent à faire, s'ils sont possibles, leur durée et ce qu'ils entraîneront de dépenses de toute sorte ; 2° pour faire le nécessaire en ce qui concerne le dépôt des valeurs destinées à la garantie des obligations dont l'émission a eu lieu en mars 1883; 3° pour faire établir l'affectation spéciale du dépôt des quatre-vingt-neuf millions destinés à la garantie des obligations à lots, émises en juin 1888, conformément à la loi du 8 juin et vérifier si les valeurs déposées sont la représentation exacte des sommes exigées par ladite loi ; faire et faire faire à cet effet tous actes et diligences nécessaires ; 4° pour examiner si le gouvernement et les Chambres ont engagé la responsabilité de l'Etat et dans tous les cas ce qu'ils doivent faire dans un intérêt général, que leur responsabilité soit ou non engagée; 5° pour examiner si le Crédit Foncier de France, les administrateurs et autres personnes ont encouru une responsabilité quelconque, n'importe pour quelle cause ; 6° pour examiner toutes propositions faites pour arriver à sauvegarder l'intérêt de tous ; 7° pour représenter les obligataires et défendre leurs droits et intérêts contre qui de droit, même en cas, soit de liquidation amiable ou judiciaire, soit de faillite ; 8° pour faire établir le véritable caractère, commercial ou civil de la Compagnie universelle du canal interocéanique de Panama, ou pour intervenir dans toutes les instances formées à cet effet, soit en première instance, soit en appel ; 9° pour former toutes demandes en responsabilité et autres, contre qui il appartiendra, ou y défendre ; 10° en un mot pour tout ce qui sera nécessaire, afin d'arriver à sauvegarder et défendre les droits et intérêts des porteurs de titres du Panama, tels que la constitution de comités, etc., et enfin pour élaborer toute mesure financière de nature à permettre la continuation des travaux.

« Art. 2. Le siège de l'association est fixé actuellement à Paris, 65, rue de la Victoire. Il pourra être transféré partout ailleurs dans Paris, suivant les besoins de l'association.

« Art. 3. La cotisation unique pour chaque porteur de titres est fixée comme suit : 1 franc par titre pour les obligations à lots (émission de juin 1888) ; 50 centimes par titre pour les obligations (émission de mars 1888) ; 30 centimes par titre pour les obligations ordinaires ; et 25 centimes par titre pour les actions et parts de fondateurs. Ces cotisations seront versées à la caisse de l'association et serviront à payer toutes les dépenses.

« Art. 4. L'association sera dirigée et administrée par les promoteurs, M. Gabriel Hugelmann, économiste, Eugène Saulnier, jurisconsulte, et Alfred Loubaresse, propriétaire, qui sont dès à présent nommés directeurs et auxquels tous pouvoirs sont donnés.

« Art. 5. Les directeurs de l'association seront assistés par un comité d'initiative, composé de douze des plus forts actionnaires ou obligataires adhérents.

« Art. 6. A l'expiration de l'association, le reliquat

de caisse sera réparti aux adhérents, au prorata de leurs versements.

« Art. 7. L'adhésion ne pourra jamais entraîner d'autre obligation que la cotisation unique fixée.

« Art. 8. Les fonds de l'association seront déposés au Crédit Foncier de France. »

Ces statuts furent lus et approuvés le 25 février 1889, mais antérieurement, le 24 janvier de la même année, MM. Hugelmann et Saulnier avaient, par le traité suivant, réglé leurs attributions respectives.

« Les soussignés,

1° M. Gabriel Hugelmann, demeurant à Paris, rue de la Victoire, 65, agissant au nom et comme seul administrateur et directeur général, ainsi qu'il le déclare, de la Caisse française de crédit, société anonyme au capital de cinq cent mille francs, dont le siège est à Paris, dite rue de la Victoire, 65, d'une première part;

2° M. Eugène Saulnier, ancien principal clerc de notaire, demeurant à Paris, 19, rue Monge, agissant au nom et comme directeur-gérant de la société commerciale l'Union des justiciables, constituée sous la raison sociale Saulnier et Cie, et dont le siège est à Paris, dite rue Monge, 19, ainsi que le tout résulte d'un acte sous signatures privées en date des 26 et 28 octobre 1885, enregistré et publié dans le journal des *Petites Affiches*, numéro du 5 novembre même année, d'une deuxième part;

Ont dit, fait et arrêté ce qui suit :

M. Saulnier ès noms a préparé un travail de fait et de droit sur la Société universelle du canal interocéanique de Panama, en ce qui concerne toutes les opérations faites et à faire, et en particulier les dépôts irrégulièrement faits : de rentes sur l'Etat à la Banque de France (émission de mars 1888 et de 85 millions 400,000 francs au Crédit Foncier de France (émission de juin même année).

M. Hugelmann, au nom de la société dont il est le directeur, a pris connaissance de la brochure (manuscrit) comprenant ce travail et s'est obligé à la publier comme supplément dans son journal, les *Nouvelles de Paris*, dans le prochain numéro, qu'il fera paraître avant la réunion *des actionnaires qui aura lieu samedi 26 janvier.*

Relativement à ce travail, les parties ont arrêté les conventions suivantes :

Art. premier. — M. Hugelmann ès noms fera l'impression et le tirage à ses frais de la brochure de M. Saulnier, il fera aussi les frais des insertions dont on va parler et tous autres déboursés qui seraient reconnus nécessaires par les deux parties. M. Saulnier ne fera aucuns déboursés.

Art. 2. — A la réunion des actionnaires et obligataires de Panama qui a lieu samedi 26 janvier à l'Hippodrome, M. Hugelmann fera distribuer gratuitement, à l'entrée de la salle et avant cette réunion, auxdits actionnaires et obligataires des exemplaires du supplément du journal qui contiendra seulement la brochure de M. Saulnier. M. Hugelmann en fera distribuer ailleurs si bon lui semble, toujours gratuitement.

Art. 3. — Le numéro supplément contenant la brochure de M. Saulnier sera vendu au prix de cinquante centimes.

M. Hugelmann emploiera d'abord les sommes à provenir de la vente de ces brochures, à payer tous les déboursés qu'il aura faits et tous les frais d'impression et de tirage du supplément du journal. Le surplus, s'il y en a, servira à faire les insertions dont on va parler article quatre.

Art. 4. — Pour que les obligataires à lots soient avertis avant le 5 février de leurs droits, en ce qui concerne les versements restant à faire, des insertions seront faites par M. Hugelmann, dans les journaux qu'il choisira, conformément au modèle arrêté qui sera au besoin modifié. M. Saulnier s'en rapportera à M. Hugelmann pour en faire dans le plus de journaux possible et afin que tous les obligataires soient bien et dûment avertis.

Art. 5. — Le siège de l'association projetée dans la brochure sera, 65, rue de la Victoire. Pour arriver à constituer cette association, on s'adressera à la société de la Caisse française de crédit.

Art. 6. — Tous les travaux, soins et démarches qu'entraînera l'entreprise que font MM. Hugelmann et Saulnier dans l'intérêt des porteurs de titres de Panama, seront faits par eux comme directeurs, et avec des employés, si c'est nécessaire, de M. Hugelmann. M. Saulnier se transportera à la société de la Caisse française de crédit, 65, rue de la Victoire, où sera le siège de ladite entreprise, autant que ce sera nécessaire.

M. Saulnier ès noms qu'il agit ne sera tenu de faire aucuns déboursés ni d'y contribuer. Tous les déboursés à faire le seront par la société la Caisse française de crédit, qui les prélèvera sur ce que produira l'entreprise que font les soussignés, n'importe de quelle manière, soit sur la vente des brochures (journal), soit sur autre chose.

Art. 7. — L'entreprise que font MM. Hugelmann et Saulnier n'est autre qu'une société en participation pour prendre la défense des porteurs de titres du Panama, et faire diverses opérations qui en sont et en seront la conséquence.

Ces opérations devront consister notamment dans : 1° la vente de la brochure ; 2° la régularisation des dépôts ; 3° la constitution de l'association, sa direction et son administration ensuite, si elle est constituée ; 4° la défense et la représentation des obligataires, soit pour la régularisation des dépôts, soit dans les opérations de faillite ou liquidation ; 5° en un mot, tout ce qui aura pour but la défense, la représentation et la sauvegarde des intérêts des porteurs de titres de Panama, obligataires et actionnaires.

Toutes affaires qui concerneront l'industrie de la société la Caisse française de crédit ou celle de la société l'Union des justiciables en dehors du Panama, seront faites chacune pour leur compte et profit personnel. Chacune d'elles fera ce qui sera en son pouvoir auprès des intéressés du Panama ou même d'autres personnes pour se procurer réciproquement de la clientèle et des affaires productives.

Art. 8. — Chaque mois MM. Hugelmann et Saulnier ès noms arrêteront leurs comptes et feront une situation.

M. Hugelmann établira les recettes qu'il aura faites, puis ses dépenses, déboursés et frais de contribution d'employés. Le reliquat, s'il y en a, sera partagé moitié par moitié entre les parties.

Si les déboursés n'étaient pas couverts par les recettes, la société de la *Caisse française de crédit* les récupérerait sur les recettes suivantes, mais dans tous les cas elle ne pourrait rien réclamer à M. Saulnier ès noms, qui, comme conditions des présentes, ne sera jamais tenu à aucuns déboursés ni dépenses quelconques.

Art. 9. — Le conseil de l'entreprise faite par MM. Hugelmann et Saulnier et des intéressés de Panama qui seront dirigés par ces messieurs, est désigné et arrêté par ces derniers. Si un ou plusieurs autres conseils devenaient nécessaires, ils seraient choisis par MM. Hugelmann et Saulnier.

Art. 10. — M. Hugelmann remettra samedi matin à M. Saulnier cent exemplaires de la brochure supplément du journal pour les adresser aux membres du gouvernement, aux administrateurs de Panama, au notaire de la compagnie, à M. le gouverneur de la Banque de France, à M. le gouverneur du Crédit Foncier et à autres personnes.

Art. 11. — La durée de l'entreprise faite par MM. Hugelmann et Saulnier ès noms sera du temps nécessaire à la fin de la liquidation complète des droits et intérêts des porteurs de titres du Panama à partir de ce jour.

Fait double à Paris le 24 janvier 1889 et signé après lecture. Suivent les signatures et l'enregistrement. »

On nous pardonnera d'avoir employé une si longue place pour ces documents, mais nous devions les faire

connaître en entier pour la clarté de tout ce qui va suivre.

*
* *

Un mot maintenant sur les hommes qui avaient contracté ces traités.

M. Hugelmann, qui se faisait appeler baron des Deux-Ponts, sans doute parce qu'il était digne de porter une casquette à trois, avait rempli, près de l'abominable gredin qui portait le nom de Thiers, des fonctions de petit secrétaire, il prit de Foutriquet des leçons de cynisme sans aucun doute, car en quittant son emploi, il fut tour à tour au service de MM. de Marcère et Philippart. Il se fit quelques relations dans le monde où l'on tripote. Un peu plus tard, il s'installa, 27, rue Laffitte, puis, 65, rue de la Victoire, et fonda un journal financier, *les Nouvelles de Paris*.

A partir de ce moment, Hugelmann devint un de ces faiseurs d'affaires plus ou moins véreuses, qui côtoient pendant toute leur vie les plates-bandes de la police correctionnelle; pas scrupuleux pour deux sous, faisant argent de tout, même de sa femme, quand cela doit rapporter au ménage. Aimant l'argent pour ce qu'il donne, et prenant les hommes pour moins qu'ils valent. Celui-là n'était entré dans l'association que dans le but évident de tromper les autres et de s'enrichir à leurs dépens; c'est ce qu'il fit.

Loubaresse, lui aussi, est un faiseur d'affaires. Mais petit rentier, un peu propriétaire, nous sommes fondé à croire qu'il a été dupe d'Hugelmann, car jusqu'à ce moment, il a seul été frappé par la justice à la-

quelle il fallait bien un coupable pour tant de filou-
teries.

Le troisième, M. Saulnier, est un jurisconsulte très
érudit, connaissant son droit comme pas un, un homme
précieux si, dans l'occasion, il avait eu affaire à d'honnêtes gens. C'est lui qui, nous l'avons dit en racontant
l'affaire du Panama, fut chargé des intérêts des porteurs de titres devant les tribunaux.

Il n'a qu'un tort aux yeux des magistrats, et encore
pour les honnêtes gens, ce n'en est pas un : il est têtu et
veut bien ce qu'il veut. Or, depuis une vingtaine d'années, il a fait diverses campagnes en faveur de la réforme judiciaire et pour la suppression des frais, des
privilèges et des monopoles judiciaires. Il a demandé,
en outre, que les frais soient rendus proportionnels en
supprimant les procédures, et que la nomination des
juges soit enlevée au bon plaisir du pouvoir.

Naturellement, en arrivant au palais, chargé des intérêts des porteurs de titres, ses clients et ses amis, il
devait se heurter à toute la féodalité judiciaire, à tous
les monopoles judiciaires, à tous ceux enfin qui vivent
des frais de justice, avoués, notaires, magistrats, etc., etc.

C'est ce qui est arrivé.

Enfin, l'association est fondée régulièrement : elle
fonctionne. M. Saulnier s'occupe des procédures ; mais,
ainsi qu'il est stipulé plus haut, M. Hugelmann doit
fournir l'argent. Au lieu d'en donner, M. Hugelmann
aspirait à en recevoir ; il y a là une légère différence.
Mais M. Saulnier pouvait penser que l'argent ne rentrant pas, Hugelmann était à court, et comme il tenait
surtout à ne pas perdre une heure dans les délais de

procédure, comme il avait à cœur de faire triompher la cause dont il était chargé, il se décida, quand il vit que la caisse Hugelmann restait obstinément fermée, à faire l'avance de certaines sommes absolument indispensables à la bonne conduite des affaires, et dans le compte pour lequel il est créancier, nous relevons :

39 fr. 85 c., montant des frais de la signification du 9 février 1889

200 francs payés à M. Ducaruge, avoué, le 26 février même année.

90 francs payés à M. Schmitt, lithographe, pour autographie des conclusions.

10 francs pour divers déboursés de correspondances et autres envois de fonds du 12 au 15 juin.

396 francs payés à M. Goujet, avoué, le 26 juin 1889.

Total de ce premier compte : 745 fr. 85 c.

Puis un second :

Impressions, tirage et envoi des circulaires du 29 juin 1889, avec les annexes, aux sénateurs et autres, 150 fr.

Impression et envoi de la circulaire du 9 juillet, 100 francs.

Déboursés de voitures et omnibus pendant quatre mois, au moins 200 francs.

Payé pour la copie des adresses des porteurs de titres du Panama, prises chez M. Bonneau, 20 francs.

Correspondance et envoi de circulaires diverses aux porteurs de titres, 50 francs.

Impression, tirage et envoi de la circulaire du 13 août 1889, 100 francs.

241 fr. 70 c. payés pour la réunion du 27 octobre 1889, à la salle du Grand Orient de France, où les porteurs

do titres étaient appelés à décider s'ils porteraient ou non l'appel du jugement du 26 juillet 1889, 141 fr. 70 c.

Total égal : 1061 fr. 70 c.

En outre, il y a toute une longue série de travaux exécutés par M. Saulnier, et dont il est en droit de réclamer le payement à Hugelmann ou à ses ayants-droit.

Premièrement. — Travail de droit publié dans les *Nouvelles de Paris*, supplément du 27 janvier 1889.

Deuxièmement. — Lettres et documents divers indiqués notamment dans les *Nouvelles de Paris*, numéro du 3 février 1889.

Troisièmement. — Circulaire du 2 février 1889.

Quatrièmement. — Statuts du 25 février 1889.

Cinquièmement. — Sommation et défense au Crédit foncier relativement au dépôt des 89 millions du 9 février 1889.

Sixièmement. — Travail de fait et de droit ayant pour titre : « Exposé de l'affaire du Panama au point de vue juridique, par M. Saulnier, jurisconsulte », publié dans les *Nouvelles de Paris* du 10 mars 1889.

Septièmement. — Pétition aux Chambres et projet de convention arrêtant tout procès, publiés par les *Nouvelles de Paris*, numéro du 31 mars 1889.

Huitièmement. — Obtention des signatures des pétitions et dépôt de la pétition, le 4 avril 1889.

Neuvièmement. — Notes et travaux pour les discours prononcés dans les nombreuses réunions tenues : 1° à Paris, soit 65, rue de la Victoire, qui eurent lieu presque journellement pendant plusieurs mois, soit à l'hôtel des Chambres syndicales, au Tivoli Vaux-Hall et ailleurs;

6

2° au Perreux ; 3° à Versailles ; 4° à Compiègne ; 5° et deux fois à Lille.

Dixièmement. — Compte rendu des réunions faites à Lille ; correspondances et circulaires nombreuses adressées aux porteurs de titres sur leurs demandes.

Onzièmement. — Sommation du 15 avril 1889, faite à M. Brunet et à M. Ferdinand de Lesseps pour ne pas procéder au tirage des obligations à lots.

Douzièmement. — Projets d'assignations, de conclusions et autres remis à MM. Ducaruge, avoué, et Tezenas, avocat ; conférences et correspondances nombreuses avec ces messieurs et avec MM. Mercier, Paul Roche et Goujet, avoués, et autres.

Treizièmement. — Mémoire du 25 avril 1889, adressé à la commission des pétitions et dont le résumé a été publié dans les *Nouvelles de Paris* du 25 avril 1889.

Quatorzièmement. — Travail des chiffres dressé le 2 mai 1889, destiné à la Commission des pétitions et aux instances formées et à former et démontrant que la Compagnie de Panama profitait au détriment des obligataires à lots, et en violation de la loi d'autorisation, par suite du nombre inférieur des tirages et de l'abaissement du chiffre des lots, etc., d'environ 500 millions.

Quinzièmement. — Etude et rédaction d'une citation en police correctionnelle, motivée en fait et en droit, destinée à MM. de Lesseps et consorts et tendant à faire contre ces messieurs l'application des articles 1, 2, 3 de la loi du 21 mai 1836 et 410 du Code pénal, par suite de l'inobservation des termes et conditions essentielles de la loi d'autorisation du 8 juin 1888.

Seizièmement. — Dépôt de cette citation au Parquet

de M. le procureur de la République d'abord, et ensuite au Parquet de M. le procureur général qui a refusé de poursuivre.

Dix-septièmement. — Lettres à M. Albert Duchêne et aux membres de la commission, les 27 avril et 2 mai 1889.

Dix-huitièmement. — Correspondance avec les membres du comité de Lille et démarches nombreuses à Lille pour l'installation et l'organisation du Comité.

Dix-neuvièmement. — Lettre à M. le rapporteur du 22 mai 1889.

Vingtièmement. — Lettres aux députés du 27 mai 1889.

Vingt et unièmement. — Etude, notes, conclusions motivées et plaidoiries devant le tribunal civil, 1re chambre. (La plaidoirie du requérant dura toute l'audience du 3 juillet 1889.)

Vingt-deuxièmement. — Lettres et documents adressés à tous les députés et tous les sénateurs, les 22-29 juin et 9 juillet 1889.

Vingt-troisièmement. — Travail et brochure préparés dans l'intérêt des porteurs de titres et particulièrement des membres de l'association des porteurs de titres du Panama, auxquels le requérant avait donné pour titre : « Le Panama, la plus grande infamie de notre siècle, accomplie et consommée avec l'assentiment et le concours du gouvernement, du pouvoir législatif, du pouvoir judiciaire et des privilégiés judiciaires; preuve que l'Etat a encouru une responsabilité, sinon pour un milliard huit cents millions, au moins pour six cent cinquante millions ; ce que doivent faire les porteurs de titres. »

Vingt-quatrièmement. — La circulaire du 31 août 1889 adressée aux porteurs de titres du Panama, faisant un appel auxdits porteurs et contenant le résumé de la brochure qui vient d'être indiquée, laquelle est divisée en quatorze parties.

Vingt-cinquièmement. — Le travail et les notes pour la réunion du 27 octobre 1889, et l'exposé et la discussion de cette réunion qui n'a pas abouti par le fait d'agissements de MM. Hugelmann et Loubaresse.

Nous tenions à établir, dès ces premières pages, que M. Saulnier est bien créancier dans la faillite Hugelmann, avant d'aller plus loin dans notre démonstration.

C'est fait. — Nous allons maintenant reprendre notre histoire, car elle pourra servir à l'histoire.

*
* *

Quand Hugelmann et Loubaresse s'aperçurent que leur associé avait l'intention de rester honnête, ils furent désappointés, Hugelmann, surtout, qui se trouvait en présence d'un homme de loi qui voulait faire respecter les lois, protéger les faibles, et combattre les privilèges.

Tout fut mis en œuvre pour se débarrasser du gêneur : refus d'argent, rupture avec des avocats, compromission, escroqueries. Et quand M. Saulnier s'aperçut qu'il avait affaire à des filous, il était déjà trop tard. Et le mal était fait.

Pendant que M. Saulnier cherchait à obtenir justice, Hugelmann faisait des affaires.

Les porteurs de titres de Panama furent appelés par Hugelmann et Lonbaresse, et facilement circonvenus sous un prétexte quelconque. Ces messieurs se firent confier un grand nombre de titres, et peu à peu M. Hugelmann les liquide, au meilleur prix possible ; puis il essaye de ruiner M. Saulnier dans l'esprit de leurs co-associés ; il n'y réussit qu'à moitié ; mais c'est trop encore.

Une fois les titres vendus, Hugelmann passait le produit de la vente à sa femme, digne compagne d'un homme de cette espèce.

Cinquante mille francs de titres furent ainsi liquidés.

Tout à coup, un coup de tonnerre : Hugelmann est mort.

— Notre argent ! nos titres ! clamèrent les naïfs.

— Votre argent ? vos titres ? Bonnes gens, adressez-vous à la veuve.

*
* *

La veuve Hugelmann, née Augustine Lebland, une intrigante, qui s'est mariée à Hugelmann, vers 1876, sans un sou, et qui a apporté comme premiers clients à son mari, quelques clients à elle, mais des clients d'un genre spécial, d'un genre qui n'a rien à voir avec les affaires financières dont prétendait s'occuper Hugelmann.

Cependant, la veuve Lebland avait fait annoncer qu'elle constituait à sa fille Augustine une dot de cent mille francs.

Quand on se marie sans un sou, et que l'on a des goûts de luxe, les dettes ne tardent pas à venir.

6.

Et ici nous allons trouver le moyen de prouver que la dot de la dame Hugelmann était une bonne blague.

Les nouveaux époux s'installèrent d'abord, pour passer leur lune de miel, 35, rue de Moscou, dans un petit appartement.

Les dettes ne tardèrent pas à venir, et les communications faites par M. Bonneau, syndic de la faillite, ont révélé ceci : c'est que, dès la fin de 1876, — six mois à peine après leur mariage, — les jeunes époux avaient contracté notamment une dette de 600 et quelques francs chez mesdemoiselles Balland, couturières, 55, rue de Châteaudun.

Ne pouvant rien obtenir, ces demoiselles firent des poursuites, et un jugement fut rendu à leur profit contre les époux Hugelmann, par le tribunal civil, le 27 février 1877.

Se voyant sur le point d'être saisis, M. et madame Hugelmann partirent précipitamment, au mois de mars, de la rue de Moscou, sans laisser d'adresse.

Le 22 mars, mesdemoiselles Balland font un commandement qu'elles sont obligées de signifier au parquet.

Mais, après des recherches habilement faites, elles arrivent à découvrir que leurs débiteurs habitent, 68, boulevard Malesherbes.

Le 22 avril 1877, elles font pratiquer là une saisie par M. Bariquand, huissier.

Le procès-verbal de saisie contient la description suivante :

Dans une pièce au cinquième étage servant de bureau, un bureau en bois noir, un fauteuil de bureau

idem, deux chaises idem foncées de canne, un chevalet
à peindre, trois gravures encadrées, un buste de Voltaire, un fauteuil recouvert en satin de laine bleue, le
tapis couvrant la pièce.

Dans une pièce à côté, une armoire à glace, genre
boule, une table de nuit idem, une chaise longue recouverte en satin de laine bleue, deux chaises en laque
idem, une paire de grands rideaux de croisée idem.

Dans l'antichambre, une banquette d'antichambre,
deux sabres d'officier, un fusil chassepot.

Dans le salon, un canapé, deux fauteuils, deux
chaises, le tout recouvert en satin groseille, une table
de salon et un meuble d'entre-deux en bois noir.

Il ne fallait pas posséder des mille et des cent pour
avoir un mobilier semblable, et se laisser saisir, puis
partir sans laisser d'adresse, pour une dette de six cents
francs chez des couturières.

Ce n'est pas tout.

Pendant leur séjour boulevard Malesherbes, 68, M. et
madame Hugelmann firent de nombreuses dettes.

Tous les fournisseurs s'entendirent pour les citer le
même jour devant M. le Juge de paix.

Ils se gardèrent bien de comparaître, et défaut fut
prononcé contre eux.

Quelque temps après, M. et madame Hugelmann,
qui ne payaient jamais leur loyer, furent obligés de
partir et de laisser une partie de leur mobilier pour
payer les loyers arriérés.

Avec un mobilier insignifiant, ils allèrent s'installer
31, rue de Larochefoucauld, chez leur père et beau-père, M. Hugelmann.

Sur ces entrefaites, madame veuve Lebland, mère de madame Hugelmann, qui était lingère, 55, rue de la Chaussée-d'Antin, mourut le 9 octobre 1881.

Son mobilier et ses marchandises furent vendus judiciairement 22,000 francs, et les oppositions dépassèrent 30,000 francs.

Il sera impossible de dire que la fortune de madame Lebland a enrichi M. et madame Hugelmann.

Quelques mois après, ils achetèrent à crédit d'un M. Bordereau, un mobilier, qu'ils avaient l'intention de ne pas payer, car tout en en installant une partie dans un appartement loué par eux au cinquième étage de la rue Larochefoucauld, ils en faisaient mettre une autre partie au garde-meubles, laquelle fut transportée ensuite rue Matignon, 13, dans un appartement loué au nom de madame Lebland, le nom de demoiselle de la femme Hugelmann.

Ce genre d'opération s'appelle escroquerie.

Il est vrai que les gens qui font des dictionnaires ont une autre façon de comprendre l'honnêteté que les gens de l'espèce d'Hugelmann.

Les pièces de la faillite Hugelmann constatent qu'en 1883 les époux avaient plus de 30,000 francs de dettes.

Ils eurent divers jugements rendus contre eux.

Mais Hugelmann désirait se lancer dans de grandes affaires, il s'était établi rue Laffitte et là encore il fit pour environ 25,000 francs de dettes commerciales, alors que ces dettes civiles s'augmentaient d'environ 5000 francs.

Hugelmann et surtout sa femme voulaient mieux.

Le passif était de 60,000 francs, l'actif était nul.

Il s'agissait pour M. Hugelmann de se mettre à l'abri de toutes poursuites et en même temps d'inspirer une grande confiance pour attirer le public.

Les besoins de son commerce exigeaient qu'il eût un appartement confortable, richement meublé et où il pourrait recevoir, donner des dîners et des soirées, afin d'acquérir plus facilement la clientèle et d'obtenir des fonds et valeurs.

Il fallait aussi se garer de poursuites pour les sommes dues en vertu de jugements.

Il fallait enfin avoir un endroit où l'on pourrait cacher, dissimuler et recéler l'actif détourné.

Pour arriver à de tels résultats, il fallait trouver des personnes de complaisance, qui deviendraient, légalement parlant, des complices.

Chose extraordinaire : on les trouva, ces personnes. Elles sont au nombre de trois : un propriétaire, un marchand de meubles et un notaire.

Le propriétaire se nomme Piras, demeure 13, rue de Condé et possède une maison, 15, rue de Presbourg. C'est là qu'il loua, au nom de la femme Hugelmann, qu'il savait non séparée de biens, un appartement.

Il fallait meubler l'appartement. Un M. Comyn, 101, rue du Faubourg-Saint Honoré, fournit un mobilier de 29,000 francs, toujours au nom de madame Lebland-Hugelmann.

Mais il était indispensable de mettre tous ces biens à l'abri des saisies éventuelles et on trouva un notaire nommé Baudrier pour faire un faux acte de dotation. Il fallait un acte authentique pour que les meubles et les bijoux soient bien la propriété inaliénable.

On fit tout simplement constater que le mobilier fourni par les maisons Bordereau et Comyn avait été apporté en dot par madame Hugelmann.

C'était un faux et une pure escroquerie auxquels un notaire a bien voulu prêter la main.

Nous avons démontré, dans les pages qui précèdent, que la demoiselle Lebland n'avait rien apporté, ne pouvait rien apporter, puisque les époux Hugelmann ont vécu pendant plusieurs années dans une gêne voisine de la misère.

Nous voulions arriver à faire constater nettement la situation avant d'entrer dans le sujet définitif.

*
* *

Vers la fin du mois de janvier 1889, Hugelmann entra en relation avec M. Saulnier, et fit avec lui un acte d'association pour publier ensemble une brochure sur le Panama et plusieurs études juridiques sur le même sujet.

Après plusieurs entrevues avec un avocat et un avoué, amis de M. Hugelmann, M. Saulnier constata une certaine mauvaise volonté chez ces messieurs ; il rapprocha le fait de propos entendus et il devint méfiant. Peu après, il signifia nettement qu'il entendait mettre sa responsabilité à l'abri.

Sur sa demande, une réunion eut lieu le 2 juin à l'hôtel des Chambres syndicales, rue de Lancry.

MM. Hugelmann et Loubaresse voulurent l'empêcher de parler, il dit néanmoins aux porteurs de titres ce qu'il savait et les prévint de ce qui allait arriver.

Sous prétexte de donner plus de force aux porteurs de titres et pour empêcher, disaient-ils, la ruine du Panama, MM. Hugelmann et Loubaresse constituèrent un syndicat et invitèrent par lettres et circulaires les porteurs de titres à les déposer entre leurs mains.

Du 5 juin au 30 juillet 1889, ces messieurs se firent confier pour environ cinquante mille francs de titres.

Ces titres étaient aussitôt vendus par Hugelmann et les fonds prenaient le chemin du domicile de la dame Hugelmann, qui, il ne faut pas l'oublier, avait mobilier et domicile à son nom.

*
* *

Le 10 juillet, M. Hugelmann tomba malade ; le 30 *du même mois*, à midi, il mourut.

Ce fut le 31 *seulement, à midi*, que fut faite la déclaration du décès.

Et dans l'intervalle, madame Hugelmann et M. Mercier, avoué, se rendaient dans les bureaux de la *Caisse française de crédit*, 65, rue de la Victoire (1), munis des

(1) Nous en avons la preuve dans une lettre adressée, le 26 septembre, par les employés de M. Hugelmann, à M. Limoneau, liquidateur, qui commençait des poursuites au nom des créanciers :

« Dans l'intérêt de tous les créanciers, nous tenons à porter à votre connaissance le fait suivant :

« Le lendemain de la mort de M. Gabriel Hugelmann, sa veuve, accompagnée de M. Mercier, son avoué, et d'une dame âgée, sont arrivés au bureau vers dix heures et demie ; madame Hugelmann et M. Mercier, ayant tant les clefs du bureau que celles de la caisse, les ont ouverts.

clefs qu'ils avaient prises sous l'oreiller du mort.

Quand ils arrivèrent rue de la Victoire, il y avait, dans le cabinet de M. Hugelmann, MM. Loubaresse, Beillet, Hournet et les autres employés.

Madame Hugelmann, avec un geste hautain et menaçant, fit sortir tous ces messieurs, et elle resta enfermée dans le cabinet de la direction pendant plus d'une demi-heure avec M. Mercier. Tous les deux, madame Hugelmann et M. Mercier, ouvrirent les portes des coffres-forts et des tiroirs, et ils en emportèrent tous les fonds, valeurs, papiers, titres et documents importants qui constituaient et constataient pour une partie un actif réel et pour l'autre partie un actif détourné, s'élevant ensemble à plus de 400,000 francs.

Parmi les papiers, se trouvait la preuve de la culpabilité de madame Hugelmann et de plusieurs autres

« M. Henri Hugelmann, M. Beillet, M. Hourné et M. Loubaresse, qui se trouvaient dans cette pièce au moment de l'arrivée de madame Hugelmann, ont été congédiés par elle et son avoué.

« Madame Hugelmann et M. Mercier sont restés enfermés près d'une demi-heure dans le bureau particulier de M. Hugelmann, et en sont ressortis après avoir refermé la caisse, les tiroirs des bureaux, et emporté les clefs.

« De plus, ils ont fermé à clef les trois portes de communication et ont emporté aussi les clefs.

« Los scellés n'ont jamais été mis, et l'administrateur, nommé à la requête de madame Hugelmann, n'est arrivé que trois ou quatre jours après.

« Faites de cette lettre ce que bon vous semblera dans l'intérêt des créanciers. »

Cette lettre était signée de MM. Serensky, 10, rue de Bruxelles ; E. Choquet, 19, rue Monsieur, à Paris, et Pérès, 43, rue Peccard, à Levallois-Perret.

personnes, et la preuve aussi de nombreux détournements et recels.

D'après les livres, la Société devait avoir en caisse environ cent mille francs, et lorsque M. Hons Ollivier, administrateur, dont on va parler, est venu, le lendemain, il n'a rien trouvé.

Après avoir commis l'action que nous venons d'indiquer, M. Mercier et madame Hugelmann fermèrent les portes du cabinet et s'en allèrent contents et heureux.

Nous l'apprécierons plus loin.

M. Hons Ollivier entra en fonctions le 1er août.

Il ne trouva aucun actif, mais il trouva un passif considérable, plus de 300,000 francs :

1º En 1883, lorsque M. Hugelmann s'était établ commerçant, il avait plus de 30,000 francs de dettes ;

2º En juin 1886, il devait 101,000 francs ;

3º En août 1888, 179,000 francs ; et en juillet 1889, 314,000 francs.

En résumé, il avait trouvé moyen de contracter des dettes savoir :

En sept ans, de 1876 à 1883, pour....	30.000 fr.
En deux ans et demi, de 1883-1884 à juin 1886, pour......................	71.000
En deux ans et deux mois, de juin 1886 à août 1888, pour....................	78.000
En un an, d'août 1888 à juillet 1889, pour.............................	135.000
Total égal....	314.000 fr.

Comme actif ostensible, rien. Tout était caché, détourné et recélé.

On peut donc estimer qu'après le décès de M. Hugelmann, on aurait pu, si on l'avait bien voulu, trouver
dans l'appartement, 15, rue de Presbourg, des bijoux,
diamants et argenterie, pour plus de....   250.000 fr.
    Valeurs au porteur, fonds et billets de
banque.............................   250.000
                            Total......   500.000 fr.

Le tout fut emporté dans deux malles le jour ou le
lendemain du décès. Les concierges ont vu descendre
les malles.

M. Beillet, imprimeur, créancier de 9000 francs, se
hâta de faire apposer les scellés, 15, rue de Presbourg.

N'ayant pas de titre exécutoire, il fut obligé d'obtenir une ordonnance et les scellés ne purent être apposés
que le 3 août par M. le juge de paix du seizième arrondissement.

On ne trouva pas madame Hugelmann, qui était
disparue avec ce qu'elle avait détourné.

Ce fut la concierge qui fut établie gardienne des
scellés, laquelle n'est même pas encore payée de ses
frais et honoraires.

Il y a là encore des responsabilités à établir, mais le
détournement par la femme des fonds encaissés par le
mari est patent et indéniable.

*
* *

M. Mercier, un avoué qui entend d'une bien drôle de
façon l'exercice de son sacerdoce, crut faire un acte de
haute habileté en incitant la dame veuve Hugelmann
à renoncer à la société d'acquêts.

C'était assez malin de faire déclarer que l'on ne veut plus rien après avoir tout pris.

Madame Hugelmann fit cet acte au greffe le 20 août 1889.

Mais ce n'est pas fini, le 24 septembre, devant le notaire, le même Mercier revendiqua, comme la propriété particulière de madame Hugelmann, les meubles et bijoux compris à l'inventaire, c'est-à-dire le mobilier acheté à Comyn qu'elle était censée avoir reçu en dot, si nous devions nous arrêter à l'acte fait par Me Baudrier, notaire.

M. Mercier déclara en outre qu'il n'existait aucuns deniers comptant et qu'il n'était pas à sa connaissance qu'il existât un actif.

Il se garde bien de parler de celui qu'il a détourné avec madame Hugelmann, le 31 juillet, 65, rue de la Victoire.

Lorsqu'un homme a commis une mauvaise action, il faut qu'il aille jusqu'au bout; cela le met dans l'obligation d'en commettre d'autres, sous peine de se reconnaître coupable. C'est le cas de M. Mercier, qui, après avoir fait un détournement le 31 juillet avec madame Hugelmann, est obligé de dire, pour cacher sa mauvaise action, qu'il ne connaît pas d'actif.

Tout cela a été dit devant un tribunal, tout cela a été dit, écrit et imprimé, soumis à des juges, mais la Chambre des avoués est toute-puissante, M. Mercier est encore en liberté.

*
* *

En présence d'une telle situation, les créanciers de M. Hugelmann, sur la demande de plusieurs d'entre eux, furent réunis au cabinet de M. Limoneau, liquidateur, 23, rue des Deux-Ecus, à Paris, les 7, 10, 11, 23 et 26 septembre 1889.

Le 23 septembre 1889, deux plaintes furent signées et adressées à M. le procureur de la République, le 25 du même mois.

L'une était portée par les porteurs de titres du Panama contre M. Loubaresse et autres, à raison des titres déposés et vendus.

L'autre était portée par tous les créanciers contre madame veuve Hugelmann et tous autres complices, à raison des détournements commis.

Cette dernière plainte fut suivie d'une autre plainte contre M. Mercier, le 4 octobre 1889.

La première, celle concernant les porteurs de titres du Panama, fut confiée à M. Wendling, juge d'instruction. On ne sait ce qui en est résulté.

La deuxième et celle du 4 octobre furent perdues, paraît-il, au parquet.

Ces plaintes furent renouvelées et confirmées par une autre adressée à M. le procureur de la République, sous pli recommandé, le 9 novembre 1889.

L'instruction sur ces mêmes plaintes, fut confiée à M. Prinet, juge d'instruction. Nous verrons par la suite ce qu'il advint de toutes ces plaintes.

D'abord les menaces, ce fut l'avoué Mercier qui intervint dans le but d'intimider les créanciers et leurs défenseurs.

La lettre suivante a été adressée à l'un d'eux :

Paris, le 26 septembre 1889.

MONSIEUR LIMONEAU,

J'ai la preuve qu'au nom et pour le compte de M. Henri Hugelmann, vous vous occupez de grouper les créanciers de son frère pour arriver à la faillite de ce dernier. Je dois vous prévenir que vous aurez, ainsi que lui, à répondre d'agissements que je me dispense de qualifier.

Salutations distinguées,

Signé : PAUL MERCIER

Après avoir filouté avec et pour le compte de madame Hugelmann, le nommé Mercier a le toupet de trouver mauvais que les créanciers cherchent à obtenir justice, c'est un comble.

Sans attendre les résultats du procès en cours, M. Mercier fit enlever le mobilier qui était, 15, rue de Presbourg, et le fit transporter dans un autre appartement situé, 168, boulevard Haussmann.

Tout fut mis en œuvre pour sauver la femme Hugelmann. Elle avait, paraît-il, de puissants protecteurs.

Et c'est à l'instigation de ces messieurs que fut prononcée la faillite de *la Caisse française de crédit* que dirigeait Hugelmann, au lieu de la faillite personnelle Hugelmann.

Il n'y avait plus rien à la Caisse française : soit Hugelmann de son vivant, soit sa femme aidée de M. Mercier quand Hugelmann mourut, avaient tout enlevé et transporté au domicile particulier de la femme, qui était, ne l'oublions pas, loué illégalement à son nom.

Hugelmann mort, sa femme renonçait aux bénéfices de la société d'acquêts et elle espérait bien bénéficier de tout ce qu'elle avait pu détourner.

Mais, la faillite de *la Caisse française de crédit* ne suffisait pas aux créanciers, et ils demandèrent, sans l'obtenir, la mise en faillite d'Hugelmann lui-même.

Ils espéraient qu'un tribunal ferait justice et que l'argent et les valeurs détournées par Hugelmann et sa complice reviendraient aux créanciers.

Ceux-ci étaient bien naïfs de croire qu'un tribunal pouvait juger ainsi.

Cependant, l'entreprise que dirigeait Hugelmann, sous le nom de *Caisse française de crédit*, était une fraude; et après la mort de celui-ci, il n'y avait qu'à déclarer nulle la Société qu'il avait prétendu diriger, et comme il y avait dol et fraude, M. Hugelmann était mis personnellement en faillite; les titres et l'argent détournés revenaient aux créanciers.

C'était bien simple, et c'est probablement parce que la chose était trop simple que nul, parmi les jugeurs, ne voulut la comprendre.

*
* *

Le 1er mars 1890, après une longue plaidoirie de M. Saulnier, le Tribunal de commerce rendit, après trois quarts d'heure de délibération, un jugement qui donnait raison aux créanciers demandeurs.

Le jugement, tel qu'il fut lu à l'audience, mettait hors de cause madame Hugelmann et la mineure Hugelmann; prononçait la nullité de la Société; rapportait purement et simplement le jugement de faillite du 7 septembre 1889, concernant la *Caisse française de crédit;* proclamait que M. Gabriel Hugelmann fils avait exercé le commerce sous le nom de cette Caisse, de 1884 à 1889, 27, rue Laffitte et, 65, rue de la Victoire, et déclarait sa faillite personnelle, nommait M. Godot, juge commissaire, et M. Bonneau, syndic, puis sur la question de report de faillite, renvoyait en délibéré.

Ce jugement n'ordonnait pas l'apposition des scellés, comme l'avait demandé M. Saulnier et comme le prescrit l'article 455. M. Saulnier en fit l'observation au tribunal, et M. le Président lui répondit : « On présentera une requête à M. le juge commissaire ».

* *

Mais le tribunal, comme nous l'avons dit, avait omis d'ordonner l'apposition des scellés au domicile de la veuve Hugelmann ; cependant, au cours de sa plaidoirie, M. Saulnier avait indiqué que cette mesure était indispensable ; il avait dit à diverses reprises, également, que la dame Hugelmann habitait, 168, boulevard Haussmann, et prié le tribunal d'ordonner dans son jugement l'apposition des scellés, comme l'art. 455 l'y oblige, à ce domicile, où tout ce qui se trouvait, 15, rue de Presbourg, au décès de M. Hugelmann, avait été transporté.

Le greffier, présent à l'audience, eût dû sur-le-champ donner avis à M. le juge de paix du VIII arrondissement pour faire cette apposition.

Le soir même, M. Saulnier vit M. Bonneau, syndic ; il le pria de faire cette opération au plus tôt. Le greffe étant fermé, M. Bonneau déclara à M. Saulnier qu'il ne pourrait s'en occuper que le lundi matin, ce qu'il fit. Que se passa-t-il dans la journée? Nul ne le sait, mais, dans l'après-midi, M. Bonneau déclara à M. Saulnier que madame Hugelmann était mise hors de cause, que le n° 168, boulevard Haussmann, n'ayant pas été inséré dans le jugement, il lui était impossible d'aller y faire apposer les scellés.

Des conférences eurent lieu à la présidence et au greffe, mais M. Saulnier ne put rien obtenir. Cependant, M. Bonneau dit que, dans une affaire semblable, il s'était adressé au président du tribunal civil. Il tenta une démarche inutile auprès du greffier du VIII° arrondissement. Il fit alors présenter une requête par son avoué, M. Lainé, laquelle fut rejetée le 6 mars par M. le président.

M. Saulnier, informé par M. Bonneau le vendredi 7 mars à 2 heures, se rendit immédiatement chez M. le juge de paix du VIII° arrondissement. Là, il exposa l'affaire et demanda à faire apposer les scellés à sa requête conformément à l'art. 458.

M. le juge de paix demanda à réfléchir et il fut convenu que le lendemain une requête serait présentée par un ou plusieurs créanciers.

M. Saulnier prépara une réquisition au nom de plusieurs créanciers de la faillite Hugelmann.

Le samedi matin, 8 mars, M. Saulnier fit signer la requête à un créancier, et la signa lui-même.

Tous les deux se rendirent au greffe du VIII° arrondissement. Ils rencontrèrent M. Duchesne, greffier, qui, après avoir pris connaissance de la réquisition, déclara que, si M. Bonneau, syndic, requérait l'apposition des scellés, cette apposition aurait lieu. Il remit aux requérants une lettre ainsi conçue pour remettre à M. Bonneau :

« MM. Beillet et Saulnier, créanciers de la faillite du sieur Gabriel Hugelmann, requièrent l'apposition des scellés, 168, boulevard Haussmann, domicile de madame veuve Hugelmann, où se trouveraient des meubles et papiers de la faillite qu'ils prétendent détournés.

« Ces messieurs représentent un numéro des *Affiches parisiennes* de ce jour, contenant la publication du jugement de faillite.

« Je n'ai pas reçu avis du greffier du tribunal de commerce et cela s'explique, parce que M. Hugelmann n'était pas, lors de sa faillite, dans le VIII° arrondissement.

« M. le juge de paix demande pour procéder à l'apposition des scellés une réquisition de vous comme syndic. »

MM. Beillet et Saulnier portèrent immédiatement cette lettre à M. Bonneau.

Après en avoir pris connaissance, M. Bonneau déclara qu'il voulait procéder seul (?). M. Saulnier protesta contre cette prétention. M. Bonneau voulut voir M. Prinet, juge d'instruction. Il l'informa que des créanciers requéraient l'apposition des scellés. M. Prinet lui dit de procéder.

MM. Bonneau, Beillet et Saulnier retournèrent ensemble au greffe.

M. le greffier refusa formellement la réquisition de MM. Beillet et Saulnier. Ce dernier lui démontra que c'était contraire à la loi. Il ne voulut rien entendre,

7.

et il déclara que si MM. Saulnier et Boillet persistaient, les scellés ne seraient pas apposés.

Ces messieurs s'inclinèrent devant la force qui prime le droit. — Ils signèrent seulement, comme requérant en tant que de besoin.

Ils demandèrent à être présents lors de l'apposition.

Il fut convenu que M. le juge de paix se prononcerait le lundi.

Le samedi soir, M. Duchesne, greffier, écrivit à M. Saulnier une carte ainsi conçue :

« Je n'ai pu rencontrer ce soir M. le juge de paix à son domicile, par conséquent pas de rendez-vous lundi.

« Je vous prie de venir mardi à trois heures à la justice de paix. Vous trouverez M. Gaultier Passerat à son cabinet et vous aurez séance tenante sa décision. »

Le 10 mars, M. Saulnier écrivait au juge de paix du VIII° arrondissement pour le mettre en demeure de faire apposer les scellés.

Ce fut le 12 mars seulement que le juge de paix se décida, mais il refusa formellement de laisser assister les créanciers demandeurs à l'apposition des scellés.

Pourquoi ce retard? pourquoi cette mauvaise volonté?

M. Mercier, avoué, qui manœuvrait dans la coulisse avec les puissants *protecteurs* de madame Hugelmann, pourrait peut-être le dire.

Ce qu'il y a de plus net et de plus clair dans tout cela, c'est que la veuve Hugelmann et ses complices ont eu le temps, pendant douze jours, de faire disparaître, non seulement les effets mobiliers, papiers et documents, qui prouveraient leur culpabilité, — mais

encore les bijoux, diamants et argenterie d'une valeur
de plus de 150,000 francs.

Madame Hugelmann avait, paraît-il, un profond
chagrin de la mort de son mari, car elle ne put vivre à
Paris, où tout lui rappelait ses amours légitimes. Elle
partit pour Nice et descendit au Splendide Hôtel. Pendant deux mois, elle alla de Nice à Cannes, puis à
Monte-Carlo.

Si, le 8 ou le 10 mars, on eût fait une perquisition à
Nice, les bijoux, les diamants, l'argenterie, tout enfin
aurait été saisi, et les créanciers recouvraient une partie
de leurs fonds.

Mais on retarda, et comme M. Mercier était au courant de ce qui se faisait, quand il vit le danger approcher, que les scellés étaient apposés, et qu'une arrestation et une perquisition étaient imminentes, il fit
partir précipitamment madame veuve Hugelmann pour
l'étranger.

Quand M. Prinet, juge d'instruction, fit faire des
recherches à Nice, madame Hugelmann était partie
pour Rome et était à l'abri de tout danger.

Comme les carabiniers d'Offenbach, la justice arrivait trop tard.

Mais ne nous hâtons pas trop de nous indigner ; cette
comédie n'en est qu'au premier acte, qui sert de lever
de rideau.

Nous allons en voir bien d'autres.

*
* *

Le premier acte illégal qui fut commis par la suite
fut la levée des scellés, malgré l'opposition faite.

Le greffier, le juge de paix et le syndic, M. Bonneau,
ne devaient pas procéder à la levée des scellés et à l'inventaire sans y appeler les créanciers. Ils ont passé
outre. Ils se sentent protégés, ils savent qu'il y a là
derrière eux une jolie femme et de puissants protecteurs, et que, dans l'occasion, le viol de la loi leur sera
compté comme une bonne action.

Une singulière attitude à signaler est celle de M. Godet, juge commissaire.

Un jour, à des créanciers qu'il était chargé d'interroger, il tint les propos suivants :

« Le mari et la femme Hugelmann n'étaient rien qui
vaille : la femme avait une inconduite notoire; le mari
avait une réputation, de son vivant, comme financier
et commerçant, des plus déplorables. Dans cette affaire,
il n'y avait que fraude et détournement; il y avait lieu
de faire annuler la Société, de faire rapporter le jugement de la faillite de cette Société, et de faire déclarer la faillite personnelle d'Hugelmann, sans laquelle
on ne pourrait pas obtenir la répression des mauvaises
actions commises. »

Mais que se passa-t-il? Comment, en or pur, le plomb
vil s'est-il changé? Quand les créanciers revinrent,
M. Godet était transformé. De doux et bienveillant
qu'il avait été, le juge commissaire fut insolent et menaçant.

Lui qui traitait si bien madame veuve Hugelmann et
son mari, défendit à un créancier de dire un mot, ni
contre madame veuve Hugelmann, ni contre son
syndic.

Il menaça d'expulser de son cabinet un homme qui

traitait d'incorrecte la conduite de M. Bonneau. Nous serions curieux de connaître les motifs qui l'ont fait changer si vite.

Il n'est pas permis au juge, et surtout à un juge commissaire, d'être aussi inconséquent avec lui-même.

Le tribunal, rien que par ce changement de conduite, aurait dû et devrait remplacer M. Godet. Il eût dû surtout ne pas l'admettre pour juger les affaires qui nous occupent : il a un parti pris trop évident et trop de mauvaise foi.

*
* *

Peu après, les créanciers, qui ne s'endormaient pas, introduisirent une demande pour obtenir la révocation de M. Bonneau, syndic, en indiquant qu'il y avait lieu de nommer aux fonctions de syndic provisoire un ou plusieurs créanciers.

Les créanciers de la faillite Hugelmann, réunis dans une salle du Grand Orient, décidèrent d'adresser des plaintes au procureur de la République près le Tribunal civil de la Seine, et à M. Prinet, juge d'instruction.

Les créanciers ne s'arrêtèrent pas là : une seconde plainte fut adressée au ministre de la justice, et des lettres furent envoyées aux notaires et avoués de Paris. (Voir aux Annexes B.)

Il ne fut fait aucune poursuite ni instruction sur les plaintes portées, imputant au notaire, à l'avoué, au syndic, à madame Hugelmann et autres complices, les crimes de faux et d'usage de faux dont sont entachés : un acte Baudrier du 23 juin 1886, une renonciation du 20 août 1889 et un inventaire du 8 septembre même année; les crimes de banqueroute frauduleuse et de complicité de banqueroute frauduleuse, le crime de vol qualifié, les délits d'escroquerie, de vol, d'abus de confiance, malversation et autres.

Les magistrats saisis, au lieu d'appliquer les lois, déléguèrent leurs pouvoirs à la Chambre des notaires et à la Chambre des avoués, qui n'avaient aucune compétence pour statuer. Ce qui ne les empêcha pas de rendre des décisions illégales qui absolvaient les coupables.

Tous ces gens qui bénéficient d'un privilège ont prouvé qu'ils poussaient la complicité avec les leurs jusqu'au crime et même jusqu'au déshonneur, la constatation méritait d'être faite publiquement.

Ça y est!

*
* *

Parmi les créanciers de la faillite Hugelmann se trouvait un conseiller à la cour, nommé Rouzé; il était intéressé dans l'affaire pour 3000 francs.

Il ne tenait pas du tout à perdre son argent, on a beau être conseiller à la cour, l'on en est pas moins accessible aux faiblesses du commun des mortels.

Donc M. Rouzé se mit en relation avec les créanciers et pria MM. Saulnier et Limoneau, de le tenir au courant de tout ce qui serait tenté par eux.

Nourri dans le sérail, il devait en connaître les détours. M. Rouzé fit une démarche près du procureur de la République et celui-ci lui avoua ingénument que la plainte déposée entre ses mains par les créanciers contre la veuve Hugelmann et ses complices, y compris

M. Mercier, l'avoué, était perdue dans les cartons du parquet.

Une seconde plainte fut rédigée et envoyée.

L'instruction de cette deuxième plainte fut confiée à M. Prinet.

Mais, comme un conseiller à la cour était mêlé à cette affaire ; comme, d'autre part, ce conseiller M. Rouzé allait voir, pour ainsi dire, chaque jour M. Prinet, pour lui demander l'arrestation de madame veuve Hugelmann, et la saisie de tous les biens et valeurs détournés, y compris les bijoux ; on fut obligé d'agir ou du moins d'en avoir l'air, ce qui n'est pas précisément la même chose.

Nous avons dit plus haut que, quand M. Prinet se décida à envoyer une commission rogatoire à Nice, il était trop tard ; madame Hugelmaun, avertie par M. Bonneau ou par M. Mercier qui aurait été lui-même averti par M. Bonneau, était partie précipitamment pour Rome, le 9 mars 1890.

Du 9 au 29 mars, les complices de madame Hugelmann eurent un grand nombre de conférences avec M. Bonneau, syndic. — Ils obtinrent son concours, et il fut convenu qu'on ne poursuivrait pas madame Hugelmann, du moins ils en eurent la promesse.

C'est alors que cette dame rentra à Paris, fin mars, et s'installa chez ses amies, mesdames Mérantier et Donzon, 51, rue de Miromesnil.

Elle resta là jusqu'au 3 avril. Le 3 avril, elle partit pour Cannes avec madame Donzon et mademoiselle Amélie, sa femme de chambre, et un amant.

Quand les créanciers apprirent que la veuve Hugelmann était de retour à Paris, le 11 avril, ils le firent savoir à M. Rouzé et eurent une longue conférence avec lui ; une note fut rédigée.

M. Rouzé prit cette note et déclara qu'il verrait le lendemain M. le juge d'instruction Prinet.

Il tint sa parole, et le 17 avril madame Hugelmann fut arrêtée, 51, rue de Miromesnil.

Mais ici l'affaire tourne à la chinoiserie, tant on a l'air de se moquer du public.

M. Prinet, juge d'instruction, devait avoir donné des instructions en conséquence ; des puissances occultes avaient dû l'obséder et l'obliger d'agir comme on agit en cette circonstance.

Voici ce qui se passa :

Les agents chargés d'arrêter madame veuve Hugelmann, arrivèrent vers onze heures ou midi, 51, rue de Miromesnil, au moment où ladite dame était en négligé, et en train de faire sa toilette avec sa femme de chambre.

Lorsqu'elle fut informée du but de la visite des agents, elle leur demanda de lui donner le temps de prévenir et d'envoyer chercher plusieurs personnes auxquelles elle écrivit des lettres qu'elle envoya porter par sa femme de chambre.

On le lui accorda. C'est déjà joli comme comble. Qu'un accusé quelconque demande la même faveur, il sera bien reçu ; on la refuse même aux hommes politiques.

Les personnes chez lesquelles elle envoya étaient :

1° M. Tézenas, avocat ;

2° M. Mercier, avoué ;

3° Madame Joseph Hugelmann, sa belle-sœur, qui lui avait aidé à détourner les bijoux et autres valeurs après le décès.

La femme de chambre ne trouva pas ces trois personnes.

Ça ne faisait pas l'affaire de madame Hugelmann. Comme toutes les jolies femmes, elle avait ses nerfs, et le fit voir ; elle montra aussi une si grande contrariété que les agents l'autorisèrent à envoyer chercher un de ses amants, M. K..., banquier, rue de Richelieu ; le comble devient plus considérable, mais voici qui va donner la mesure de la bienveillance de la police à son égard.

Lorsque madame Hugelmann reçut la visite des agents, et qu'elle eût obtenu d'eux d'envoyer chercher MM. Tézenas et consorts, elle demanda à rester seule. Elle en profita alors pour remettre à mademoiselle Amélie, des bijoux en lui disant de les conserver, qu'elle les lui rendrait à sa sortie.

Puis, pendant l'absence de mademoiselle Amélie, elle détourna tous ses bijoux, diamants et valeurs, avec mesdames Mérantier, Donzon et consorts.

Que faisaient les agents ?

Mystère, corruption et pot-de-vin.

Quand M. K... fut arrivé, il s'enferma pendant un peu plus d'une demi-heure avec madame Hugelmann, et les agents laissèrent faire.

Nous ne voudrions pas, dans un livre aussi sérieux que celui-ci, insinuer que madame Hugelmann et M. K... éprouvaient le besoin de se prouver leur réciproque amour avant d'être séparés par la prison.

Notre pudeur bien connue s'effarouche toute seule à cette pensée et une chaste rougeur couvre nos joues. Nous préférons croire et dire qu'enfermés ensemble l'amant et la maîtresse se sont hâtés de faire disparaître les valeurs et l'argent qui restaient encore. Ceci n'est pas moins grave que cela, et cependant les agents ont laissé faire.

Lorsqu'il s'agit de partir, M. K... ne voulait pas quitter madame Hugelmann, sa bien-aimée — cochon d'amour! — Il voulait même l'accompagner dans sa voiture.

Il paraît que les agents lui firent comprendre que c'était impossible. Pourquoi cette rigueur? Certains épanchements se font très bien en voiture, et si les amoureux avaient employé la demi-heure pendant laquelle ils avaient été enfermés à autre chose, il était de toute justice qu'on les laissât *causer* encore un peu.

M. K... dut se résoudre à prendre une autre voiture.

Il paraît même qu'il éprouva un profond chagrin de quitter madame Hugelmann.

Il y avait véritablement de quoi, surtout s'il n'avait pas... chut!

Pauvre homme!!

Mais ce qui nous console un peu sur son compte, c'est qu'il n'était pas le seul infortuné privé de son amour.

Il paraît que le soir et le lendemain madame Hugelmann fut réclamée par une dizaine de ses amants à la Conciergerie.

Sapristi, quelle femme!

Pas possible! Elle doit être forcée à certains moments de donner des numéros comme aux bureaux d'omnibus. Mais, laissant de côté la plaisanterie sur un tel sujet, nous sommes à nous demander et au public en même temps :

Ce que venaient faire ces messieurs à l'encontre du pouvoir judiciaire; de quoi ils se mêlaient; pourquoi ils faisaient des propositions tendant à faire infirmer de justes plaintes et à faire oublier le respect dû au pouvoir judiciaire qui avait agi, au nom de la loi, au nom du mandat qui lui est confié, pour la garantie, la sécurité de l'intérêt public, en même temps que pour assurer la juste répression des crimes et délits?

Les gens riches se croient tout permis ; ils ont tellement l'habitude de tout acheter, que là comme ailleurs ils espéraient bien toucher la conscience des magistrats avec leurs billets de banque.

C'est vers 2 ou 3 heures que madame Hugelmann quitta la rue de Miromesnil, 51, accompagnée des agents.

Ce ne fut qu'une heure après ce départ, c'est-à-dire vers 4 heures, que l'on vint faire les perquisitions et les saisies.

Ce jour-là, on ne trouva rien, ou très peu de choses.

La rusée femme n'avait laissé que ce qu'elle voulait qui soit trouvé : des chapelets et des crucifix qu'elle avait rapportés de Rome, sans doute dans le but de les offrir comme souvenirs au dévot M. Prinet.

*
* *

Ce fut le 17 avril qu'eut lieu l'arrestation de madame Hugelmann.

Le même jour M. Bonneau apprit à M. Prinet, juge d'instruction, que c'était M. Saulnier qui conduisait l'affaire.

D'autre part, les protecteurs de madame Hugelmann pressaient le procureur de la République et le juge d'instruction d'activer l'affaire, ils avaient hâte de voir en liberté cette intéressante personne.

Mais un magistrat, un conseiller à la cour, réclamait justice et pour celui-là il fallait avoir l'air de faire quelque chose.

Le 19 avril, M. Saulnier fut convoqué; dans le cabinet de M. Prinet, étaient également présents M. Rouzé et M. Bonneau.

M. Prinet demanda tout d'abord à M. Saulnier, s'il confirmait ses plaintes; celui-ci répondit affirmativement.

Puis le juge d'instruction réunit dans son cabinet MM. Rouzé, Bonneau et Saulnier et leur déclara très nettement qu'il ne poursuivrait et n'instruirait sur les plaintes portées contre le notaire et l'avoué, et les autres inculpés, qu'autant qu'il aurait un réquisitoire formel de M. le procureur de la République ou que M. Bonneau, syndic, lui aurait dénoncé les crimes et les délits.

M. Saulnier prit la parole et dit au juge d'instruction, que le réquisitoire de M. le procureur de la République ne pouvait pas se faire attendre; qu'il était obligatoire d'après la loi.

M. Saulnier fut ensuite confronté avec madame Hugelmann.

M. Prinet, en galant magistrat, fut plein de prévenance pour l'accusée, et s'il fut dur, brutal et hautain, ce fut envers l'accusateur.

C'est dans l'ordre. Mais le procès-verbal ne note pas si madame Hugelmann a payé les complaisances du juge Prinet en espèces ou en nature.

C'est encore un point à élucider.

Enfin M. Prinet fit promettre à M. Saulnier de lui adresser la liste des témoins qui prouveraient les crimes et délits imputés.

Le 7 mai, les créanciers qui ne voyaient pas aboutir leurs revendications, adressèrent au procureur de la République une nouvelle mise en demeure. (Voir aux Annexes C.)

Le même jour, les mêmes créanciers firent signifier à M. Bonneau, syndic, qu'il était obligé de par la loi de dénoncer les crimes et délits imputés à la veuve Hugelmann et à ses complices.

Ni le procureur de la République ni M. Bonneau ne consentirent à exécuter la loi.

Aucune poursuite n'eut lieu sur la plainte portée le 10 avril ni sur celle ci-après du 14 mai 1890.

Mais voici que revient à la charge M. Rouzé, le conseiller à la cour, qu'il fallait ménager.

Il va voir le juge d'instruction Prinet et celui-ci lui apprend qu'il était question de mettre madame Hugelmann en liberté et que, s'il avait une liste de témoins et de faits à lui adresser, qu'il se hâte. « Je puis encore attendre quarante-huit heures, mais pas davantage », ajouta-t-il.

M. Rouzé courut au cabinet de M. Limoneau pour prévenir ses cocréanciers. M. Saulnier était seul et il l'engagea à faire une note, la plus succincte possible, une liste des témoins et une note détaillée des bijoux, et de lui apporter le tout le lendemain matin.

M. Saulnier passa une partie de la nuit à faire ces travaux qui furent recopiés dès le matin. A dix heures il était chez M. Rouzé et lui remit les trois documents.

Le premier contenait, pièces à l'appui, la preuve que l'apport de madame Hugelmann, de 29,000 francs, constaté dans un contrat de mariage, dressé par M. Baudrier, notaire, substituant M. Baron, le 11 juillet 1876, n'existait pas.

La preuve des détournements faits par M. et madame Hugelmann et leurs complices, en ce qui concerne principalement le mobilier et accessoires compris, dans l'acte du 23 juin 1886, pendant l'existence de M. Hugelmann.

Le deuxième document contenait un état détaillé des bijoux, diamants, argenterie, toilettes, dentelles, etc., qui existaient, 15, rue de Presbourg, dans l'appartement loué au nom de madame Hugelmann, au décès de M. Hugelmann, arrivé le 30 juillet 1889, lesquels bijoux ont été détournés par madame Hugelmann et ses complices, aussitôt après le décès.

Le troisième document contenait les noms et adresses de trente témoins disposés à témoigner des détournements et des faux imputés à madame Hugelmann et à ses complices.

Dès le 25 avril, l'après-midi, M. Rouzé porta lui-même les trois documents à M. Prinet qui, par suite, n'osa pas mettre immédiatement madame Hugelmann en liberté provisoire.

M. Prinet cita quelques témoins, et ne consentit pas à recevoir toutes leurs déclarations, d'après ce que les témoins ont affirmé.

La presse elle-même s'occupa de l'arrestation de madame Hugelmann. L'*Echo de Paris* publiait le 25 avril la note ci-après :

« Il n'était bruit, hier soir, dans le monde des cercles,
« que de l'arrestation, pour escroquerie, d'une fort jolie
« veuve, fille d'une ex-lingère de la Chaussée-d'Antin,
« et dont le mari, bien digne de porter la casquette à
« deux et même à trois ponts, a toléré jadis, sinon fa-
« vorisé les voyages au pays de Cythère. »

Dans le monde de la galanterie, on fit des gorges-chaudes de la situation faite à la veuve Hugelmann et à ses amants qui étaient séparés d'elle.

*
* *

Les créanciers dépensaient une grande activité, car le 7 mai, en même temps qu'ils adressaient au procureur de la République la mise en demeure dont il est question plus haut, ils faisaient interroger les témoins qu'ils voulaient faire citer et signifiaient leurs dépositions à M. Prinet, juge d'instruction, qui avait presque refusé de les entendre lui-même, au procureur de la République, au procureur général et au ministre de la justice.

Ces documents et de nouvelles plaintes aux mêmes fonctionnaires furent remis à la date du 14 mai (voir aux annexes D), par les créanciers eux-mêmes au substitut du procureur de la République qui consentit à en recevoir seulement trois ou quatre.

MM. Lardanchet, Longuet, Levasseur et Saulnier furent désignés. Ce dernier expliqua et résuma les griefs et les plaintes.

Le substitut prit des notes et déclara aller prendre l'avis de M. le procureur de la République. Il revint une demi-heure après et dit aux créanciers que M. le procureur de la République décidait d'envoyer les plaintes à M. Prinet, juge d'instruction, afin de les joindre à son instruction immédiatement; qu'il ne répondait, lui, de rien, et n'avait pas autre chose à dire.

Là-dessus les délégués prirent congé du substitut et tous quittèrent le palais de justice, plus que jamais décidés à remettre à la poste les plaintes : à M. Prinet, au procureur général, au ministre de la justice. Ce qui fut fait aussitôt.

Poussé de tous côtés, M. Prinet dut agir, mais nous allons voir comment il s'y prit.

Il fit appeler quelques témoins des créanciers, et avec une absolue mauvaise volonté, interrogea les uns et les autres.

M. Beillet, imprimeur, créancier de la faillite Hugelmann, fut appelé l'un des premiers.

Il fut stupéfié de la façon dont l'instruction était conduite. Voici le propos tenu par M. Prinet, rapporté par M. Beillet à M. Limoneau :

« Que dans cette affaire, il existait une animosité sans égale ; *qu'on lui adressait des plaintes et mémoires trop longs ; qu'il ne les lisait pas et ne les lirait pas ; qu'il les mettait et les mettrait au panier.* »

M. Prinet oubliait certainement à ce moment-là qu'il

était payé avec l'argent des contribuables, et qu'il n'était que le serviteur de tous.

Aucune considération ne doit empêcher un magistrat honnête de faire son devoir.

Aucune considération ne doit lui permettre de laisser une pièce sans la lire, dans l'intérêt de la justice.

M. Prinet n'était déjà plus incorruptible.

*
* *

Du moment que les honnêtes gens ne pouvaient obtenir justice, puisque les créanciers filoutés dans la faillite Hugelmann avec la complicité de quelques coquins, ne pouvaient rentrer dans ce qui leur avait été volé, les voleurs relevèrent la tête et songèrent à tirer parti de la bonne volonté des juges, acquis à la veuve Hugelmann.

Et M. Paul Mercier, avoué, principal complice de la jolie veuve, déposa une plainte au procureur de la République contre les principaux créanciers ou contre leurs chargés d'affaires. Les personnes visées étaient :

1° M. Saulnier, jurisconsulte.

2° M. Limoneau, liquidateur.

3° M. Lardanchet.

4° M. Durand, administrateur délégué de la Société parisienne de crédit et de commission.

5° M. Beillet, imprimeur, rue de Bondy, 80, à Paris.

Les trois derniers nommés comme ayant, avec M. Saulnier, signé la circulaire du 10 avril 1890, adressée à MM. les notaires de Paris et à MM. les avoués près le tribunal civil de la Seine et comme figurant aussi en qualité de requérants dans l'assignation au tribunal de commerce du 3 mai 1890.

Vers la fin de mai, la femme Hugelmann fut remise en liberté.

Ici nous sommes obligé de faire une triste constatation.

Il y avait depuis plusieurs mois des plaintes contre les faussaires et leurs complices ; il a semblé bon aux magistrats de ne pas instruire, mais, par contre, on a instruit tout de suite quand est venue la plainte de M. Mercier.

Nous avions déjà la navrante conviction que la justice avait deux poids et deux mesures, nous venons d'acquérir la certitude que ces poids sont évidés et que ces mesures ne tiennent pas le compte.

Ce n'est pas gai !

*
* *

La plainte de M. Mercier avait été déposée, a-t-on prétendu, le 28 mai 1890.

Le 17 juillet, les prévenus furent cités à comparaître par devant M. Couturier. Ils protestèrent contre la poursuite et démontrèrent par écrit, en fait et en droit, que la plainte et les poursuites étaient illégales.

Ils auraient pu espérer que l'affaire était enterrée, mais il n'en était rien ; au mois d'octobre, M. Couturier les appela à nouveau, ils renouvelèrent leurs protestations.

Les pauvres créanciers de la faillite Hugelmann commencèrent à penser que si en M. Prinet, ils avaient un juge qui n'instruisait pas, avec M. Couturier ils en auraient un qui instruirait trop.

Il est vrai qu'ils ne ressemblaient que vaguement et de très loin à de jolies femmes.

*
* *

Nous allons laisser là pour un instant la plainte de M. Paul Mercier et suivre les poursuites intentées à la veuve Hugelmann et à ses complices.

M. Prinet, juge d'instruction, se garda bien d'instruire sur les plaintes des 10 avril et 14 mai 1890, où les responsabilités étaient nettement établies.

Mais, en revanche, on se donne un mal du diable pour faire aboutir une poursuite illégale, mais qui avait l'avantage de mettre presque hors de cause la jolie madame Hugelmann.

Jusqu'à la fin d'août on fit une sorte d'instruction.

Les magistrats, l'instruction faite, furent convaincus que des détournements considérables avaient eu lieu. Cela résulte des perquisitions, des saisies et des interrogatoires subis par la veuve Hugelmann.

Ils acquirent même la preuve matérielle que des recels des biens réellement détournés avaient été accomplis par M. K..., l'amant, les demoiselles Lemat et les dames Merantier, Donzon et Dumersant, le 17 avril 1890, jour de l'arrestation de la veuve Hugelmann.

Ils devaient conséquemment demander contre ces recéleurs l'application de l'article 62 du Code pénal, et contre la veuve Hugelmann et ses complices l'application des articles 591. 593, 594 du Code de commerce et des art. 401, 402, 403, 59 et 60 du Code pénal.

Ces magistrats, subissant la puissance et la pression des protecteurs de la veuve Hugelmann, d'une part, des avoués et des notaires, de l'autre, puisque chacune de ces corporations était compromise avec un de ses membres. Les magistrats, disons-nous, résolurent de n'appliquer qu'un semblant de loi, pour, en même temps, donner satisfaction à l'opinion publique, à un magistrat qui réclamait justice, et sauver madame Hugelmann et ses complices.

Voici la comédie qui se joua :

Le procureur de la République chargea M. Flach, le beau-frère du nommé Rabaroust, de s'occuper de l'affaire Hugelmann avec M. Ponchet, juge d'instruction.

Les 2 et 4 septembre 1890, un réquisitoire et une ordonnance furent signés par ces messieurs.

Les deux magistrats improvisés pour les besoins de la cause, constatèrent et reconnurent formellement qu'il y avait eu détournement et recel; mais, au lieu d'appliquer les articles de banqueroute frauduleuse et de vol (articles 591, 593, 594) à la veuve Hugelmann et à ses complices, et à MM. K... et consorts l'article 62 du Code pénal, ils rendirent une ordonnance de non-lieu en ce qui concerne la banqueroute frauduleuse, et ils imputèrent à la veuve Hugelmann le délit de complicité par recel qui ne pouvait pas lui être appliqué et qui devait l'être seulement à M. K... et autres a....mis.

Il fallait un coupable, un bouc émissaire, une bonne bête quelconque que l'on chargerait de tous les péchés d'Israël et qu'on livrerait à la vindicte publique en disant :

— Voyez, nous avons fait justice.

Loubaresse fut choisi, et pour avoir mis un doigt dans les tripotages d'Hugelmann, il paya pour tout le monde.

Donc, le 18 novembre, Loubaresse, qui avait été poursuivi pour le délit d'escroquerie, par l'ordonnance et le réquisitoire en question, et la veuve Hugelmann pour le prétendu délit de complicité par recel, furent appelés devant la 9ᵉ chambre présidée par M. Toutée.

Nous allons à notre tour mettre un doigt sur des choses excessivement malpropres. Nous prions nos lecteurs de se boucher le nez en entrant.

Mais les choses sales ne devaient pas être montrées ce jour-là.

M. Saulnier intervint par des conclusions motivées, en démontrant que ces délits étaient connexes aux crimes imputés par les plaintes des 10 avril et 14 mai 1890 et se réserva de citer par voie de citation directe, non seulement la veuve Hugelmann et Loubaresse; mais encore les autres prévenus indiqués dans les plaintes, ce qui eut lieu les 6 et 11 décembre.

L'affaire fut renvoyée au 16 décembre.

Madame Hugelmann s'est présentée comme prévenue libre, ayant pour avocat M. Léon Renault.

M. Saulnier s'étant porté partie civile, M. Toutée (voir aux Annexes E) se souvenant de ses fréquentations d'autrefois, du genre de monde qui figurait au Bal des Vaches, où la veuve Emile avait amassé la dot de sa fille, aujourd'hui madame Toutée, M. Toutée fut tout ce qu'il y a de plus fin de siècle.

Il renversa complaisamment les rôles et traita la

prévenue en plaignante et le plaignant en prévenu.

Avec les dames, il faut toujours être galant, le président Toutée le fut; mais il dépassa la mesure.

Il est bien évident que le but du président Toutée était de provoquer une riposte un peu vive de M. Saulnier, partie civile, ce qui aurait procuré audit Toutée, l'occasion de donner une preuve éclatante de sa bienveillance à l'égard des drôlesses, qui avaient fait sa fortune, en envoyant ledit Saulnier en prison pour injure à des magistrats; mais M. Saulnier resta calme malgré tout, et Toutée le scrupuleux en fut pour ses provocations.

Ce qu'il faisait un nez!

M. Saulnier dans sa plaidoirie écrite et dans ses mémoires soumis au Parquet avait démontré, comme nous l'avons fait nous-même depuis que nous avons mis le pied dans cette affaire malpropre :

1° Que les crimes de faux, d'usage de faux, de banqueroute frauduleuse, de complicité de banqueroute frauduleuse, sont parfaitement caractérisés;

2ª Que tous les délits d'escroquerie et de complicité par recel sont connexes;

3° Que, pour ces crimes et délits connexes, il y avait lieu par le tribunal, sans examen, et d'après les termes impératifs de l'art. 193 du Code d'instruction criminelle, de renvoyer devant le juge d'instruction compétent;

4° Que madame veuve Hugelmann et ses complices ont détourné, diverti et recélé tout l'actif de la faillite, s'élevant à 630,000 francs;

Que le tout constitue le délit de vol, prévu et puni

par l'article 594 du Code de commerce et par l'article
401 du Code pénal;

Que ce délit a été consommé par le fait de la pres-
tation de serment à l'inventaire, conformément à la
loi et à une jurisprudence constante.

5° Que le délit d'escroquerie, de tentative d'escroquerie et autres délits commis par les inculpés, pour
s'assurer et tenter de s'assurer l'impunité, pour entra-
ver les créanciers dans l'exercice de leurs droits, et
les obliger à souscrire à leurs prétentions, sont bien
caractérisés ;

6° Que le délit de malversation imputé à madame
veuve Hugelmann et à M. Bonneau existe bien, et
qu'il y avait lieu de faire contre eux l'application de
l'article 596 du Code de commerce et de l'article 406
du Code pénal.

M. Toutée ne voulut, et pour cause, rien comprendre.

Mais ce qu'il y a de plus singulier, c'est que M. Flach
donna des conclusions, en omettant de conclure sur les
actes, faits et circonstances précisés dans la citation
qu'il avait entre les mains.

Puis, pour couronner l'œuvre, *finis coronat opus*,
M. Léon Renault, sénateur, ex-préfet de police de la
République française, vint présenter la défense de ma-
dame Hugelmann.

Jamais de mémoire de légiste on n'avait dans le palais soutenu pareille thèse.

M. Léon Renault déclara que les biens, bijoux, mobilier, valeurs, actuellement entre les mains de sa
cliente, étaient le produit de sa prostitution.

On accusait madame Hugelmann de faux et de détournements, un avocat, et quel avocat! vient dire : Madame Hugelmann aurait détourné quelques valeurs de la maison de banque de son mari, et pourquoi faire ? Madame Hugelmann n'avait point besoin de cela, elle gagne tout ce qu'elle veut. Elle est assez gentille pour cela.

Voyez par-ci, voyez par-là.

Ce qu'elle possède est le produit de sa prostitution, et quand même les époux seraient mariés sous le régime de la communauté, le produit de sa prostitution appartient à la femme.

Ce que madame Hugelmann possède est bien à elle.

Singulière théorie, mais elle a plu à M. Toutée, qui se connaît en fait de morale, et le 3 décembre un jugement fut rendu, condamnant M. Saulnier aux frais et acquittant la veuve Hugelmann.

Le produit de la prostitution doit appartenir à la femme, il est juste qu'elle soit à l'honneur, du moment qu'elle a été à la peine.

Mais il fallait un coupable et c'est Loubaresse, le pauvre Loubaresse, qui a payé pour les autres. Il sortit de l'audience avec six mois de prison.

Ça lui apprendra à fréquenter des filous ; mais il est à peu près certain que, s'il s'était déguisé en jolie femme, il eût été acquitté.

Nos magistrats ont voulu conserver dans la magistrature les vieilles traditions de la galanterie française.

C'est bien, ça, Toutée.

* *

Mais on ne moleste pas impunément un honnête homme, sûr de son bon droit. M. Toutée, qui s'était

conduit comme un goujat envers la partie civile, aurait
dû recevoir un châtiment. C'est ce qu'espérait M. Saulnier en adressant une plainte au garde des sceaux, le
5 janvier 1891, contre le président de la neuvième
chambre.

M. Saulnier ne s'arrêta pas là. Après avoir étudié
l'affaire, il démontra en fait et en droit, que le jugement du 31 décembre 1890 était entaché des crimes
de faux et de partialité qu'il imputa au tribunal de la
neuvième chambre tout entier, dans une dénonciation
qu'il adressa au ministre de la justice le 24 janvier
1891.

Pour que nos lecteurs puissent juger impartialement
cette très importante affaire, ils trouveront le texte
complet de la plainte et de la dénonciation aux
Annexes F.

*
* *

M. Saulnier avait porté, nous l'avons dit, l'appel du
jugement du 31 décembre 1890, et il avait, codes en
main, dénoncé les crimes de faux et de partialité dont
est entaché ce jugement.

L'affaire fut appelée devant la Chambre des appels
correctionnels, présidée par M. le conseiller Dupont, au
3 mars.

M. Saulnier prépara un volumineux dossier, contenant ses moyens d'appel et ses conclusions. (Voir aux
Annexes G.) Les magistrats, certainement, auraient
dû réfléchir, alors qu'un justiciable les rappelait au
respect des lois.

La Cour se trouvait donc obligée, sous peine de

violer les lois, d'annuler les poursuites, le jugement et
l'instruction du 31 décembre 1890 ; puis conformément
aux termes précis, formels et impératifs de l'article 214
du Code d'instruction criminelle, de renvoyer les prévenus devant des fonctionnaires publics compétents,
pour instruire sur les plaintes des 10 avril et 14 mai
1898.

M. l'avocat général avait porté lui-même l'appel du
jugement du 31 décembre 1890.

Les prévenus ne pouvaient pas échapper à la répression des crimes et des délits commis ; aussi comprirent-
ils qu'il fallait à tout prix que la Cour ne statue pas
sur le fond.

Nous avons lieu de croire que des démarches furent
faites auprès des magistrats ; car, aux audiences des
3 et 4 mars 1891, il se passa des faits d'une gravité
excessive. Ces faits constituent, à eux seuls, une des
plus belles infamies judiciaires.

Voici les faits :

Au commencement de l'audience du 3, l'avocat de la
veuve Hugelmann prit des conclusions tendant à faire
décider que M. Saulnier n'était pas créancier et n'avait
pas qualité pour se porter partie civile.

M. Saulnier démontra et justifia avec pièces et documents à l'appui, qu'il était bien créancier (1) ; il prétendit et soutint d'abord qu'il avait été reconnu créancier
devant toutes les juridictions, qu'il y avait chose jugée
tout au moins sur le principe de sa créance, que la Cour

____

(1) Nous avons, avec pièces et preuves à l'appui, établi dans
les premières pages de ce récit, qu'il était bien créancier.

n'avait ni qualité ni compétence pour statuer sur cette créance et que, s'il ne l'avait pas produite à la faillite, c'est que les formalités et opérations prescrites par la loi n'avaient pas été remplies dans la faillite Hugelmann et que la Cour d'appel, deuxième chambre, était saisie de diverses demandes à cet égard.

Les plaidoiries n'eurent lieu que sur les conclusions de la veuve Hugelmann.

L'avocat général, M. Puech, auquel M. Saulnier avait remis son dossier, constata l'existence de la créance, indiqua les reçus, mais il prétendit, malgré l'évidence, qu'il n'y avait pas créance.

N'avons-nous pas eu raison de prétendre que quelquefois deux et deux font soixante et onze?

L'avocat général reprocha en outre à M. Saulnier de s'occuper de la réforme judiciaire et de vouloir, aux lieu et place du ministère public, faire punir les crimes et les délits.

Comme si ce n'était pas là un droit que nous avons tous!

Et pour conclure, cet avocat général glissa adroitement qu'il demandait la disjonction des instances, attendu qu'il n'y avait pas connexité.

La Cour refusa la parole à M. Saulnier sur cette demande, et sur son droit d'intervention dans l'affaire Loubaresse, elle se retira pour délibérer en déclarant que l'arrêt serait rendu à la reprise d'audience.

Après deux heures de délibération, ces messieurs revinrent prononcer deux arrêts; par le premier, la Cour infirmait le jugement du 31 décembre en ce qui concernait la jonction des deux poursuites et déclarait disjoindre les causes pour être statué sur chacune d'elles par un arrêt spécial et distinct.

Par le second arrêt, la Cour infirmait le jugement en ce qu'il avait déclaré M. Saulnier recevable dans son intervention contre Loubaresse et la veuve Hugelmann, le déclarait non recevable dans cette intervention et renvoyait au 4 mars pour être plaidé au fond sur l'appel respectif de Loubaresse et du procureur général.

Ceci voulait dire : M. Saulnier est un homme dangereux pour nous, nous allons lui dire que tout cela ne le regarde pas et nous serons tranquilles. Cependant, après avoir prononcé ces inexplicables arrêts, le président demanda au syndic si la faillite avait été déclarée à la requête de M. Saulnier comme créancier. M. le président voulait être aimable et sembla prodigieusement étonné quand le syndic répondit affirmativement. Il déclara alors que l'arrêt sur les conclusions de M. Léon Renault serait prononcé le lendemain 4 mars.

Le 4 mars, avant l'audience, M. Saulnier fut appelé dans le cabinet du président en présence du conseiller rapporteur, il produisit de nouveau, sur la demande du président, les pièces justificatives de sa créance.

Lorsque l'affaire fut appelée, le président demanda à tous les prévenus présents s'ils contestaient la créance de M. Saulnier. Comme il fallait s'y attendre avec des gens d'aussi bonne foi, ils furent tous d'accord pour répondre qu'ils contestaient absolument.

Après quelques minutes de suspension, la Cour rouvrit les débats. M. Barboux, avocat, au nom de tous les prévenus prit et développa des conclusions tendant à rejeter la qualité de créancier de M. Saulnier.

M. Saulnier eut la parole de nouveau, il démontra, ce qui n'était pas difficile, qu'il y avait chose jugée, que la Cour n'était pas compétente et que d'ailleurs il maintenait sa créance avec autant d'énergie que les autres en mettaient à la nier.

Puis les débats furent clos après une réplique de M. Barboux.

A la deuxième audience la Cour rendit son troisième arrêt dont le dispositif est ainsi conçu :

« Infirme le jugement dont est appel en ce qu'il a
« déclaré Lesaulnier recevable dans son action contre
« Loubaresse, la veuve Hugelmann, Comyn, Daumy,
« Hourné, Baudrier, Mercier, Bonneau et Piras.

« Emendant déclare Lesaulnier non recevable dans
« son action et le condamne à tous les dépens de pre-
« mière instance et d'appel.

« Dit qu'il n'y a pas lieu de statuer sur l'appel du
« procureur général. »

En rendant ce jugement, ces messieurs croyaient avoir fait une bonne farce à M Saulnier, et même dans les motifs invoqués par la Cour il y a tant de cocasserie qu'aux yeux de ceux qui connaissent la loi, ils sont absolument faux et mensongers.

Ils méritent d'être cités comme échantillon de roucrie et de mauvaise foi ; les voici :

1º Que M. Saulnier avait été interpellé à l'audience pour quels motifs il n'avait pas demandé son admission au passif de la faillite, qu'il avait répondu qu'il n'avait pas jugé utile de produire, mais qu'il se consi-

dérait comme créancier de 815 francs, alors que
M. Saulnier n'avait nullement été interpellé par la
Cour ni par qui que ce soit et qu'il avait formellement
déclaré en plaidant que, s'il n'avait pas produit, c'était
le fait du syndic qui n'avait rempli aucune formalité
sur la faillite et qu'il y avait lieu d'attendre que la Cour,
deuxième chambre, ait statué sur les appels dont elle
était saisie ;

2° Que M. Saulnier n'avait produit aucune pièce établissant l'existence de sa prétendue créance, alors que
la Cour savait d'abord qu'elle n'avait ni compétence
ni capacité pour statuer ; ensuite qu'il y avait chose jugée tout au moins sur le principe de la créance de
M. Saulnier et enfin que les pièces établissant sa
créance avaient été remises au ministère public qui les
avait lues à l'audience et que la Cour les avait eues en
sa possession le 3 mars pendant 3 heures et le 4 mars
de midi à 4 heures ;

3° Que M. Saulnier alléguait agir au nom de
créanciers dont il était le mandataire, alors que la Cour
savait qu'il n'avait pas fait ces allégations ni dans ses
écrits ni dans sa plaidoirie.

La Cour, comme on le voit, prononça trois arrêts,
alors qu'elle eût dû n'en prononcer qu'un ; elle agit
ainsi pour tripler les frais et obliger M. Saulnier à
acquiescer.

« Tu fais le malin, disent les magistrats au plaideur,
nous allons te ruiner, quand tu n'auras plus d'argent,
tu resteras tranquille. »

Il ne faut pas oublier que ces arrêts furent obtenus
au moyen de déclarations et de constatations fausses et

si la Cour eût cherché la vérité, elle eût été obligée de statuer sur le fond et c'est ce qu'elle ne voulait pas. Il aurait fallu condamner la veuve Hugelmann et ses complices.

De pareils arrêts entachés des crimes de faux et de partialité, avaient, dans tous les cas, pour résultat de faire considérer comme s'ils n'avaient jamais existé, l'intervention de M. Saulnier, ses citations directes, les plaintes y contenues et le jugement du 31 décembre 1890 en ce qui concerne ces plaintes.

Ça continue à aller de mieux en mieux dans cette affaire; mais ce qu'il y a de plus joli, c'est que tous les magistrats de Paris ont la prétention de soutenir qu'il y a chose jugée; qu'il n'y a plus à revenir ni sur le jugement du 31 décembre 1890, ni sur les arrêts des 3 et 4 mars 1891, alors que la Cour a infirmé le jugement du 31 décembre en déclarant qu'il n'y avait pas lieu de statuer sur le fond ; c'est monstrueux, mais cela est. Ce jugement et les prétentions qui le suivent sont une monstruosité dans leur genre, quelque chose comme un veau à deux têtes élevé au biberon par la magistrature.

*
* *

M. Saulnier, en présence des arrêts rendus les 3 et 4 mars 1891, se pourvut immédiatement en cassation et il rédigea une dénonciation de crimes de faux en écriture authentique et publique et de partialité dont sont entachés le jugement du 31 décembre 1890 et les trois arrêts des 3 et 4 mars 1891.

Le 14 mars, il déposa au greffe : 1° La requête contenant ses moyens de cassation ; 2° la dénonciation de crimes qu'il adressait comme complément de ses pourvois directement à la cour de cassation, conformément aux termes formels de l'art. 486 du code d'instruction criminelle. Pour être logique, la cour de cassation eût dû statuer sur ces pourvois au plus tard à la fin d'avril 1891, d'après les termes précis de l'art. 425 du Code d'inst. cr., mais, à l'heure qu'il est, elle n'a pas encore statué ; quand il s'agit de rendre justice à M. Saulnier, la magistrature ne se presse pas ; mais, lorsqu'il s'agit de le poursuivre et de le faire condamner, malgré son innocence, la magistrature agit avec plus de célérité.

La chambre des appels correctionnels avait disjoint les instances pendantes, alors cependant que le délit imputé à Loubaresse était connexe aux crimes imputés dans les plaintes, et que le délit de complicité par recel, imputé à la veuve Hugelmann, ne pouvait pas, et on le savait bien, la faire condamner.

On va juger de la bienveillance des magistrats. L'affaire fut plaidée les 4 et 5 mars et le prononcé de l'arrêt fut renvoyé au 18.

Du 4 au 18 mars, les magistrats ne perdirent pas leur temps.

On se rappelle que l'avoué Mercier avait déposé une plainte pour dénonciation calomnieuse et diffamation contre cinq personnes : Saulnier, Lardanchet, Limoneau, Beillet et Durand, ces deux derniers firent des excuses, et ils profitèrent d'une ordonnance de non-lieu.

Le 14 mars, MM. Saulnier, Limoneau et Lardanchet

furent assignés pour le 19 du même mois devant la
dixième chambre, pour y répondre des délits de dénonciation calomnieuse et de diffamation envers Paul Mercier, avoué : Ce sont les volés que l'on mène en correctionnelle. On le voit, c'est comme chez Nicollet, de
plus fort en plus fort.

Mais M. Saulnier n'était pas disposé à se laisser
faire et, deux jours avant de comparaître devant la
dixième chambre, il déposa à la cour de cassation une
requête tendant au renvoi devant d'autres magistrats
que ceux de Paris pour cause de suspicion légitime.

Le 18 mars, la chambre des appels correctionnels
rendit son arrêt, confirmant le premier jugement. Loubaresse gardait ses six mois de prison et madame Hugelmann restait en liberté.

*
* *

L'affaire Paul Mercier et du ministère public contre
Saulnier, Limoneau et Lardanchet, fut appelée le 19
vers 3 heures. M. Saulnier déposa des conclusions
tendant à surseoir au jugement jusqu'après la décision
définitive de la cour de cassation sur la demande en
renvoi pour cause de suspicion légitime.

L'avocat de la République déclara refuser le sursis
demandé.

Le tribunal se retira pour délibérer et une demi-
heure après il revint avec un jugement rejetant la demande de sursis déposée par M. Saulnier.

Celui-ci alors déclara faire défaut et se retira.

Le tribunal continua l'affaire, puis après une plaidoirie haineuse de M° Tézenas, l'avocat de M. Mercier,

avoué, partie civile, le tribunal rendit un jugement, condamnant M. Saulnier par défaut à un an de prison, à quatre mille francs de dommages-intérêts et à trois mille francs d'amende.

C'était juste et logique ; du moment que l'on acquittait la veuve Hugelmann, que l'on ne poursuivait ni Paul Mercier, ni Bonneau, le syndic, ni le notaire Baudrier, il était de toute équité que celui qui avait dénoncé leurs tripotages fût condamné.

Les bons juges ne voulant pas arrêter les filous, se sont décidés, pour avoir l'air de gagner l'argent qu'ils touchent, de condamner celui qui les avait réveillés en criant « au voleur ! » C'est toujours ça de gagné.

Ce qu'il y a de plus drôle dans cette drôle d'affaire, c'est que le sursis qu'on avait refusé d'accorder à M. Saulnier, le tribunal, quelques instants après l'avoir condamné aussi sévèrement, disjoignit de son affaire, celle de MM. Limoneau et Lardanchet et renvoya celle-ci à huitaine.

Nous avons dit qu'au mois de juillet 1890, les prévenus avaient démontré que les délits pour lesquels ils étaient poursuivis n'existaient pas, puisqu'il ne pouvait être établi aucune corrélation entre la plainte et la dénonciation calomnieuse.

En outre, avant de les poursuivre, il y avait lieu d'instruire sur les plaintes des 10 avril et 14 mai 1890.

MM. Limoneau et Lardanchet eussent dû soutenir les mêmes prétentions devant la dixième chambre.

M. Limoneau a pour ami, depuis longtemps, M. Dacraigne, avocat, celui qui a joué un si triste rôle dans l'affaire Marion, que nous avons racontée plus haut.

Deux jours avant l'audience du 19 mars, M. Dacraigne écrivait à M. Limoneau :

« J'ai étudié votre dossier : en droit il n'y a pas de délit ». M. Dacraigne était l'avocat de M. Limoneau et celui-ci comptait sur son ami pour le tirer d'affaire.

M. Lardanchet qui ne possède rien, puisque tout son petit avoir a été englouti dans l'affaire Hugelmann, réclama un avocat d'office.

Lorsque M. Saulnier demanda le sursis, cet avocat, M⁰ Duroyaume, dit au tribunal que son client et M. Limoneau n'entendaient pas se joindre à ses demandes ; c'était le commencement de la comédie.

Le tribunal disjoignit l'affaire Limoneau, Lardanchet et celle de M. Saulnier et renvoya la première à huitaine, c'est-à-dire au 26 mars.

Ce jour-là, les plaidoiries eurent lieu et MM. Dacraigne et Duroyaume, sans tenir compte de l'attitude prise par leurs clients, en juillet 1890, sollicitèrent du tribunal des circonstances atténuantes.

C'était reconnaître le délit.

M. Lardanchet est malade, mais c'est un homme énergique. Quand il vit qu'il était la victime de la mauvaise foi ou de la bêtise de son avocat d'office, il adressa une protestation au tribunal contre les aveux que celui-ci lui avait fait faire bien malgré lui.

Quant à M. Limoneau, atteint déjà de la maladie grave dont il souffre, il ne dit rien, n'explique rien, ne comprend rien, il ne peut rien faire et son avocat est resté son ami et son guide.

Le tribunal condamna le 26 mars M. Limoneau à trois mois de prison et M. Lardanchet à deux mois et

solidairement à 8000 francs de dommages-intérêts en
vers M. Mercier.

.˙.

MM. Limoneau et Lardanchet portèrent l'appel du
jugement du 26 mars. L'affaire fut appelée la première
fois devant la chambre des appels correctionnel en mai
1891. A cause de la maladie de M. Limoneau, elle
fut renvoyée à un jour qui serait ultérieurement fixé.

Le jugement, rendu le 19 mars, fut signifié à M.
Saulnier le 25 avril. Il y fit opposition le 30 par exploit
de M. Mosnier, l'un des huissiers-audienciers du tribunal correctionnel.

Depuis quelque temps, M. Saulnier avait préparé un
projet de citation directe motivé, dans lequel il démon-
trait, entre autres choses, l'existence du délit d'escroquerie qu'il entendait imputer à M. Mercier,
avoué. Dans cette citation directe, il demandait contre
M. Mercier l'application de l'art. 405 du Code pénal
et 100,000 francs de dommages-intérêts ; en plus, il
formait diverses autres demandes tendant notamment
à inviter M. le procureur de la République à mieux
procéder.

Cet exploit fut déposé à M. Mosnier, huissier, le 30
avril au matin.

M. Mosnier envoya cet exploit au substitut en même
temps que l'opposition du jugement pour fixer le jour
sur la citation directe qui devait être le même que
celui à fixer sur l'opposition.

Le substitut fut étonné comme un canard qui trouverait un vélocipède, il ne s'était pas imaginé qu'après

tant de dénis de justice, M. Saulnier oserait encore invoquer Thémis et ses lois.

Comme il ne pouvait pas sortir de la situation, il pria l'huissier de ne pas signifier le projet de citation directe. L'huissier, qui ne voulait pas dire vert quand le substitut disait bleu, remit très gentiment le paquet à M. Saulnier qui ne put trouver aucun huissier pour faire cette signification à l'avoué Mercier.

N'est-ce pas que c'est complet?

Non seulement on condamne le prévenu sans l'entendre, mais encore on le met dans l'impossibilité d'obtenir justice.

L'affaire, sur l'opposition, fut fixée au jeudi 11 juin. M. Saulnier prépara ses conclusions, demandes et réquisitions.

Ces conclusions sont absolument légales. Elles tendaient à faire décider d'abord qu'il n'y avait pas et ne pouvait y avoir de délits; qu'il n'y avait pas lieu de statuer sur le fond, mais qu'il y avait lieu de renvoyer M. le procureur de la République à mieux procéder, d'ordonner que des poursuites et instruction seraient faites sur les plaintes des 10 avril et 14 mai 1890, de désigner des magistrats compétents pour faire ces poursuites et instruction, conformément à la loi, de prononcer la nullité de la plainte de M Mercier, de la poursuite et de l'instruction et par suite du jugement du 19 mars 1891 et de renvoyer M. Saulnier des fins de la plainte et de la poursuite en condamnant M. Mercier, partie civile, en 100,000 francs de dommages-intérêts et aux dépens.

L'affaire vint en effet le 11 juin; le tribunal, ce jour-

là, était composé de M. Bertulus, faisant les fonctions
de président, de M. Lareynie, juge, et de M. Schlum-
berger, juge suppléant. Le siège du ministère public
était occupé par M. Brégeault, gendre de M. le président de la cour de cassation.

M. Saulnier, pendant plus de trois heures, développa
ses conclusions contenant des demandes préjudicielles
et d'exception.

Le ministère public ne dit presque rien. Il ne put et
ne sut que répondre aux questions soulevées, et il osa
demander, alors qu'il n'y avait eu ni interrogatoire,
ni audition de témoins, ni instruction à l'audience, le
maintien de la condamnation prononcée le 19 mars.

Le président avait empêché à M. Saulnier de faire
connaître tous les actes, faits et circonstances constituant les crimes et délits : mais il lui promit par trois
fois que le tribunal tout entier étudierait son dossier ;
promesse vaine, car lorsque M. Saulnier retira ses dossiers après le jugement, il lui fut facile de constater
qu'ils n'avaient même pas été ouverts. Il avait oublié
que le temps des juges est précieux.

Le 24 juin seulement, le tribunal rendit son jugement
rejetant toutes les demandes de M. Saulnier et statua
sur le fond sans l'avoir entendu et sans instruction à
l'audience, en le condamnant, comme le 19 mars, à un
an de prison, à 3000 francs d'amende et à 4000 francs
de dommages-intérêts.

Le tribunal, cette fois, avait laissé plaider longuement, mais comme on le voit, lorsqu'il rendit son verdict, il fit payer sa bonne volonté en refusant de statuer
sur les demandes de M. Saulnier et en statuant seule-

ment sur le fond pour lequel les plaidoiries n'avaient pas été faites.

Il s'était contenté d'opposer sa force d'inertie aux réclamations de l'opposant.

Ah! tu veux plaider, cela ne nous plaît pas, mais comme nous ne pouvons pas t'en empêcher, nous ferons absolument comme si tu n'avais rien dit.

*
**

Nous avons parlé du jugement du 1ᵉʳ mars 1890 qui déclara la faillite personnelle d'Hugelmann et des stipulations additionnelles que ce jugement contient.

Les formalités prescrites par le Code de commerce, ne furent pas remplies sur la faillite Hugelmann.

D'abord, M. Bonneau s'imposa syndic de cette faillite ; il ne fit pas apposer les scellés comme le veut la loi ; il ne fit, ni bilan, ni inventaire, ni actes conservatoires ; il ne fit pas surtout le rapport prescrit par l'art. 482 qui l'aurait obligé de dénoncer les crimes et délits imputés.

M. Bonneau aurait dû faire remonter la faillite Hugelmann en 1884 ou 1886, il s'y opposa et, pour favoriser la veuve Hugelmann et ses complices, il obtint, d'accord avec le juge commissaire et tous les magistrats, un jugement, le 24 mai 1890, qui reportait la faillite seulement au 22 août 1888 ; c'est ce que désirait la veuve Hugelmann.

Enfin, il ne fit pas remplir les formalités de production, d'affirmation et de vérification de créances sur la faillite Hugelmann, mais, le 5 juin, il convoqua les créanciers pour la clôture de ces opérations qui n'avaient pas été commencées.

Les créanciers au nombre de cinquante firent opposition à cette opération et deux seulement, MM. Saulnier et Lardanchet, saisirent le tribunal de commerce de demandes tendant notamment à faire remplir sur la faillite Hugelmann les formalités prescrites par la loi.

M. Lardanchet fit tierce-opposition au jugement du 1er mars 1890 et forma diverses demandes :

1° Demande en nullité de la Société *La Caisse française de crédit* ;

2° Demande en rapport du jugement de faillite de cette Société et par voie de conséquence, demande en nullité des formalités et opérations faites ;

3° Demande en déclaration de faillite personnelle d'Hugelmann ;

4° Nomination d'un juge-commissaire et d'un syndic provisoire, autres que MM. Godet et Bonneau ;

5° Demande en révocation de M. Bonneau, tant comme syndic de profession que comme syndic des faillites de la Société et d'Hugelmann.

Ces demandes furent portées devant le tribunal qui rendit deux jugements les 6 août et 1er octobre 1890.

A l'audience du 1er octobre, le tribunal, après l'intervention effective de M. Mercier, supprima la plaidoirie de M. Saulnier, puis il refusa de statuer sur les demandes formées et statua sur une demande d'opposition qui n'était pas faite.

Le 12 octobre, plusieurs créanciers, MM. Saulnier, Lardanchet, Joseph Dumas et autres portèrent l'appel des jugements des 1er mars, 6 août et 1er octobre 1890.

La veuve Hugelmann et ses complices, de concert avec les magistrats et le syndic, résolurent de tenter un dernier coup pour se sauver de la prison et de l'obligation de restituer qui les attendaient.

Les créanciers avaient saisi le tribunal de commerce le 10 mai 1890 de diverses demandes, notamment contre M. Bonneau, syndic, tendant à faire condamner la dame Hugelmann et les gens de son entourage, à 150,000 francs de dommages-intérêts pour la réparation du préjudice causé par les crimes et les délits, à faire décider qu'un capital de 100,000 francs, montant d'un contrat d'assurance fait au profit de la dame Hugelmann le 17 février 1888, ne pouvait appartenir qu'à la faillite, etc., etc.

Mais les coquins ont toujours plusieurs cordes à leur arc. A une date postérieure à ces demandes, date que les adversaires n'ont pas voulu encore faire connaître, le syndic Bonneau et le juge commissaire Godet, pour tirer d'affaire les tripoteurs mêlés à l'affaire de la faillite Hugelmann, firent une transaction avec la veuve. Par cet arrangement, madame Hugelmann donnait à ses complices, les 100,000 francs d'assurance qui ne pouvaient appartenir qu'à la faillite. En retour, M. Bonneau abandonnait à la veuve Hugelmann 230,000 fr. de biens existants, détournés frauduleusement à la mort du mari et qui auraient dû revenir, comme propriété commune, aux créanciers de la faillite.

Cinquante créanciers firent opposition à la transaction par exploit du 14 novembre, elle fut renouvelée à la réunion du 15.

Le juge commissaire et le syndic ne perdirent pas

leur temps. On signa la transaction, le juge commissaire ayant donné un avis favorable visant la décision des créanciers et en gardant le silence sur l'opposition des cinquante créanciers mécontents; puis le 18 novembre on obtint par surprise, ou de concert avec le tribunal, ce qui est aussi canaille d'une manière que de l'autre, un jugement qui admettait cette transaction.

MM. Lardanchet, Saulnier et autres saisirent le tribunal d'une demande en nullité de la transaction. Ils formèrent tierce-opposition au jugement du 18 novembre. Comme il n'était plus guère possible d'éviter d'appliquer la loi, l'affaire est encore pendante devant le tribunal de commerce. C'est ce que l'on peut appeler de la justice expéditive.

Le juge commissaire et le syndic ne s'arrêtèrent pas là ; la veuve Hugelmann leur avait abandonné 100 mille francs. C'est un joli denier.

Il fallait le toucher.

M. Bonneau fut fort étonné quand il se présenta à la Caisse des dépôts et consignations, d'apprendre que les créanciers avaient fait défense de lui verser les 100.000 francs.

Il les assigna en référé et, surprenant la bonne foi d'un juge qui n'était pas compétent, une ordonnance l'autorisant à toucher les 100,000 francs d'assurance, fut rendue le 3 février 1891.

C'était très malin, mais pas fini du tout. Le 12 février, trente créanciers portaient l'appel de cette ordonnance de la cour.

La deuxième chambre de la cour se trouva alors saisie des appels des jugements des 1er mars, 6 août et

1ᵉʳ octobre 1890 et de l'ordonnance du 3 février 1891.

Les créanciers appelants ne trouvèrent pas un avoué qui consentît à instrumenter pour eux. Ils furent obligés d'en faire désigner un d'office : ce fut M. Gallois, chevalier de la Légion d'honneur, 106, rue de Rivoli.

En présence du résultat de l'affaire du 24 juin devant la dixième chambre correctionnelle, on résolut de faire venir promptement ces affaires.

M. Gallois, au commencement de juillet, prévint M. Saulnier qu'elles seraient plaidées le 27 juillet. Il lui proposa des conclusions qui furent refusées et les créanciers, après s'être concertés, décidèrent que les conclusions rédigées par M. Saulnier et remises par lui depuis longtemps à M. Gallois, devaient être signifiées de suite.

M. Gallois fut obligé de se conformer à leur volonté.

Les affaires en question vinrent donc à la Cour, deuxième chambre, présidée par un M. Manuel, le lundi 27 juillet.

Malgré la répugnance que nous éprouvons à fréquenter sans y être obligé certains mauvais lieux, nous résolûmes de nous rendre au Palais, d'assister aux débats, d'écouter les discussions pour nous faire une opinion nette et précise sur l'affaire.

M. Saulnier a la parole vers 3 heures 1/4 seulement. Il n'avait pas encore plaidé pendant une demi-heure, que le président l'interrompait brutalement au moment où il faisait connaître les illégalités commises et où il prononçait le nom de M. Rouzé, conseiller à la Cour, et les noms des tripoteurs : Baudrier, notaire ; Mercier, avoué ; Bonneau, syndic et *tutti quanti.*

Nous eûmes de suite la preuve de la mauvaise foi du président qui déclara que la cour ne comprenait pas l'argumentation du plaideur.

M. Saulnier riposta en lui disant : Laissez-moi continuer et la Cour comprendra.

— Oui, ronchonna le président, mais hâtez-vous !

M. Saulnier continua, mais au bout de quelques minutes, au moment où il parlait des illégalités commises par certains magistrats, mêlés à l'affaire, nouvelle agression du président :

« Monsieur Saulnier, gronda-t-il, j'ai le regret d'avoir à vous répéter que, malgré toute votre facilité d'élocution, la Cour ne vous comprend pas, et comme elle ne peut pas juger sans comprendre, je vous engage, dans votre intérêt, et dans l'intérêt de ceux que vous défendez, à prendre un avocat. »

Avec un calme dont il ne s'est pas départi, M. Saulnier fit observer au président qu'il avait le droit de plaider lui-même et qu'il entendait en user.

Alors le président déclara renvoyer l'affaire au lendemain, annonçant qu'il accorderait à l'appelant pour sa plaidoirie, deux heures seulement, pendant lesquelles la Cour ne lui ferait aucune observation.

A notre tour, nous ne comprenons pas que la Cour n'ait pas cru devoir comprendre.

A la place de M. Saulnier, j'aurais répondu aux brutalités de M. le président Manuel et aux insolences de la Cour :

« Jusqu'à ce moment, j'avais pensé que, pour occuper les hautes fonctions de président et de conseillers de cour d'appel, on choisissait de personnes intelligentes, je m'aperçois, monsieur le président, messieurs les conseillers, que je me suis trompé, et je vous présente mes bien sincères excuses. »

Le soir même, M. Saulnier rédigea des conclusions pour protester contre ce qui s'était passé à l'audience du 27 juillet, pour en demander acte, pour obtenir le délai d'un mois au moins, afin de faire par écrit sa plaidoirie et la faire imprimer. Mais M. Gallois, avoué, refusa de les signifier. M. Saulnier écrivit à cet effet, au président Manuel.

Celui-ci fit venir dans son cabinet, avant l'audience, le 28 juillet, M. Gallois, avoué, et l'avocat de M. Bonneau.

Que se passa-t-il dans cette entrevue? Mystère!

Mais à l'audience, lorsque l'affaire fut appelée, le président fit certaines observations à M. Saulnier et lui demanda s'il acceptait de plaider pendant 2 heures.

Et ce président qui se permet de dire qu'il ne comprend pas les autres, parle français comme un Auvergnat.

Enfin finalement, dit-il à M. Saulnier, voulez-vous plaider pendant deux heures?

Enfin et *finalement* font un singulier effet dans la bouche d'un président qui prétend que les autres ne savent pas se faire comprendre.

M. Saulnier maintint ses conclusions et refusa de plaider deux heures seulement.

Les affaires furent renvoyées après les vacations.

Mais ça ne faisait pas l'affaire du sieur Bonneau qui avait hâte de toucher les 100,000 francs. M. Cœuré, avoué de Bonneau, essaya de faire statuer de suite sur l'appel de l'ordonnance.

Le président répondit : Il n'y a pas de la faute du syndic si les affaires sont renvoyées après vacation. Si M. le président du tribunal de commerce me demande des renseignements, je lui en donnerai, moi.

Le samedi 1er août, M. Saulnier se rendit, accompagné de quelques créanciers, à la présidence du tribunal de commerce. M. Richemond, d'abord, les reçut avec convenance et politesse.

MM. Saulnier et Lardanchet demandèrent le renvoi de l'affaire Hugelmann au grand rôle. M. Richemond leur déclara qu'il n'y avait pas lieu de faire droit à leur demande. Tous les juges, dit-il, sont intègres et également compétents. Puis, comme M. Saulnier insistait sur l'importance de l'affaire, ce singulier président parla avec ironie des longues plaidoiries et des condamnations à la prison de M. Saulnier. Celui-ci alors déclara qu'il était regrettable pour la magistrature française de lui voir condamner des innocents et d'innocenter les coupables, et il ajouta : « Si le juge-commissaire Godet et le syndic Bonneau avaient rempli leurs devoirs et obligations, cela ne serait pas arrivé. »

« Portez encore une plainte, alors », ajouta le président.

« Je ne suis pas venu, monsieur le président, pour parler de plainte, je suis venu ici pour vous faire connaître les griefs que nous avons contre MM. Godet et Bonneau et nous pensions que vous consentiriez à nous entendre. »

Le président se leva alors vivement, annonçant ainsi que l'entretien était terminé.

Il est évident, et nous le savions, que magistrats,

présidents, juges, instructeurs, avoués, notaires, etc.,
forment une espèce de franc-maçonnerie toute-puissante au Palais de justice; mais nous avions pensé
qu'elle se cantonnait aux juridictions civiles et criminelles et ne s'étendait pas à la juridiction commerciale dont les titulaires sont soumis à l'élection de
leurs pairs.

Nous nous étions trompé, nous l'avouons en toute
sincérité, mais en faisant cet aveu, qu'il nous soit permis de dire pourquoi nous avions pensé ainsi. Il nous
semblait qu'un homme probe dans son commerce pouvait conserver sa probité, même investi d'une charge
publique et honorifique. La charge pourrit l'homme,
nous l'avons dit dans la préface de ce livre: nous en
sommes de plus en plus convaincu.

Il est vrai de dire aussi que certains économistes
prétendent que le commerce n'est pas autre chose que
le vol; alors le tribunal de commerce serait donc.....
Chut!..... N'anticipons pas et conservons nos distances.
On ne badine pas avec l'amour, prétend un vaudeville,
ne tutoyons pas trop les juges consulaires.

Il est certain aussi que quiconque touche à un che-
veu d'avoué, de notaire ou de tout autre privilégié, a
de suite toute la meute aux trousses.

Et parce que cet infortuné M. Saulnier a révélé certains scandales, certains tripotages où sont mêlés des
avoués, des notaires, des juges, des avocats et autres
bêtes de proie, non seulement il n'a pu jusqu'alors
obtenir justice, mais encore tous les créanciers de la
faillite Hugelmann sont dans la même situation que
lui.

Madame Hugelmann voudrait garder les produits de ses vols et de ses détournements que M. Léon Renault appelle si délicatement le produit de sa prostitution. M. Alphonse des boulevards extérieurs aurait dit simplement le produit de son travail.

Et les braves gens qui croient à l'équité de la justice se disent, en voyant tous ces dénis de justice, que ceux qui violent les lois sont ceux qui devraient le plus les respecter pour en inspirer le respect aux autres.

Les contribuables ont la sensation de se voir dévaliser par des filous avec la complicité de tous les gens de robes rouges ou noires qui vivent du trafic de la justice en notre XIX° siècle.

C'est triste et dégoûtant !

M. Saulnier n'est pas d'avis de désarmer, au contraire, il veut continuer plus que jamais la bataille dans ces affaires Hugelmann où il a pour lui le bon droit. Il représente la justice contre tous ceux qui en vivent, il a foi dans sa cause et seul contre tous il lutte avec l'espoir de triompher.

Le 1ᵉʳ août, il adressa au ministre de la justice et au procureur général près la Cour de cassation, des demandes tendant à faire l'application des lois dans ces affaires Hugelmann.

Les 2 et 3 août, M. Saulnier a adressé aux magistrats un exemplaire de ces demandes avec les motifs et une lettre explicative.

Voici pourquoi ces pièces furent faites :

Le même jour que la deuxième chambre de la Cour renvoyait dans les circonstances connues les affaires

Hugelmann après vacations, M. Saulnier, M. Limoneau et M. Lardauchet furent cités à comparaître devant la chambre des appels correctionels des jugements des 26 mars et 24 juin 1891.

M. Saulnier ne comparut pas, mais la Cour renvoya d'office toutes ces affaires au 27 octobre en déclarant que les prévenus seraient assignés à nouveau.

Et puisque le tribunal de commerce, par l'organe de son Richemond, avait tenu à bien établir sa complicité, le 8 août 1891, M. Saulnier fit remettre à la présidence dudit tribunal une plainte motivée contre M. Godet, juge-commissaire, et contre M. Bonneau', syndic, et le même jour il adressa à tous les membres du tribunal de commerce une lettre résumant la plainte. Cette lettre se termine ainsi :

« Nous espérons, messieurs, que vous voudrez bien « prendre connaissance de la plainte déposée au tri- « bunal, étudier nos raisons et décider dans vos cons- « ciences. »

En outre, le même jour 8 août, il adressa au ministre de la justice une copie de cette plainte motivée avec une demande dans laquelle il prie et requiert au besoin le garde des sceaux de bien vouloir, vu le contenu des documents joints, vu nos lois en général, vu l'art. 630 du Code de commerce, user de ses droits et prérogatives et donner des ordres et instructions à tout le tribunal de commerce de la Seine pour le rappeler au respect des lois et pour qu'il fasse immédiatement droit aux demandes contenues dans la plainte.

Va-t'en voir s'ils viennent, Jean !

Va-t'en voir s'ils viennent !

Le tribunal de commerce de la Seine a rendu quatre jugements dans l'affaire Hugelmann, les 1er mars, 24 mai, 6 août et 1er octobre 1890. Lors de chaque affaire, la loi oblige le juge-commissaire à faire un rapport écrit.

Dans chacun de ces quatre jugements il est déclaré que le juge-commissaire a fait son rapport à l'audience et qu'il a été entendu dans ce rapport, ce qui est absolument faux. M. Godet ne fit pas ce rapport pourtant obligatoire.

De plus, il a été fait des stipulations additionnelles qui furent ajoutées après le prononcé du jugement du 1er mars 1890 et avant son enregistrement.

Ensuite ce jugement et celui du 1er octobre 1890 contiennent des déclarations et constatations fausses et mensongères, etc., etc.

Enfin, lors de ces jugements et par suite de ce qui s'est passé, les juges ont rendu leur décision en se décidant par faveur pour la veuve Hugelmann et ses complices et par inimitié contre M. Saulnier et consorts, et se sont ainsi rendus coupables de partialité en sacrifiant à des considérations personnelles la justice qu'ils sont chargés de faire rendre et le droit qu'ils sont chargés de faire respecter.

Tous ces jugements se trouvent donc entachés des crimes de faux en écriture authentique et publique, d'usage de faux et de partialité, prévus et punis par les art. 145, 146, 148 et 183 du Code pénal. C'est tout cela qu'a dénoncé le 8 août M. Saulnier au ministre de la justice, conformément aux art. 485 et 486 du Code d'instruction criminelle.

Cette lutte d'un seul contre tous sera certainement curieuse; car c'est bien là la violation des lois, aggravée de constatation de faits faux.

Nous avons établi, dès le commencement de cette affaire, comme quoi la qualité de créancier ne pouvait pas être déniée à M. Saulnier, puisqu'il apportait à l'appui de sa créance la liste des sommes versées par lui.

M. Saulnier établit ensuite qu'Hugelmann lui doit des dommages-intérêts pour le préjudice qui lui a été causé près des porteurs de titres, en ne tenant pas les engagements pris d'un commun accord.

En quinze paragraphes qualifiant les faits et en quelques attendus serrés, il montre le bien-fondé de sa demande en dommages-intérêts.

Voici les principaux passages :

« Attendu que tous ces agissements qui constituent de la part de M. Hugelmann des manœuvres frauduleuses, le dol, la fraude, des fautes, l'inexécution de conventions et d'obligations, des quasi-délits, etc., ont causé un dommage considérable à M. Saulnier et à la société commerciale, l'*Union des justiciables*, pour lequel il leur est dû réparation; que M. Saulnier et sa Société ont d'abord été privés par ces agissements des gains, honoraires et bénéfices, qu'ils devaient espérer et attendre de l'entreprise faite dans l'intérêt des porteurs de titres du Panama, et par suite des travaux complets et considérables faits pendant plus de dix mois; que non seulement ils ont perdu leurs positions personnelles et commerciales, mais encore qu'ils ont perdu la confiance, l'estime et la considération de leurs clients, du public et particulièrement des nombreux porteurs de titres du Panama qui, connaissant les manœuvres employées par MM. Hugelmann et Loubaresse, ont cru que M. Saulnier requérant était leur complice ; que de plus M. Saulnier a été soupçonné et même considéré comme complice des mauvaises actions commises par Hugelmann et Loubaresse ; qu'il a même été l'objet de plaintes et sur le point d'être poursuivi, lui qui avait rempli fidèlement et exactement ses devoirs et obligations de mandataire ; que c'est à la suite de ces agissements et soupçons qu'il a été abandonné par la plupart des porteurs de titres du Panama et qu'il n'a pas réussi, quoiqu'il eût cent fois raison, dans les projets, vrais, complets et juridiques, qu'il avait préparés, comme il était tenu de le faire, à la réunion du 27 octobre 1889 ;

« Attendu que M. Hugelmann est décédé à Paris, 15, rue de Presbourg, le 30 juillet 1889, laissant pour sa seule héritière sa fille mineure, Gabrielle Hugelmann, sauf les droits de sa veuve, née Augustine Lebland assignée, avec laquelle il était marié sous le régime dotal, avec société d'acquêts, aux termes de leur contrat de mariage reçu par M. Baron, notaire à Paris, le 11 juillet 1876 ;

« Attendu que madame Hugelmann se trouve donc conjointement et solidairement avec sa fille mineure et la faillite de son mari, tenue au paiement des sommes dues à M. Saulnier ès noms et qualités et s'élevant : 1° Pour déboursés, avances et frais, etc., à 1876 fr. 70 c. et pour dommages-intérêts à 30,000 fr., soit en tout à 31,876 fr. 70 cent. »

En conséquence, le 29 avril dernier, M. Saulnier a assigné la veuve Hugelmann et M. Bonneau, syndic, devant le tribunal de commerce pour voir condamner solidairement, la veuve Hugelmann et la faillite à payer à lui Saulnier la somme de 31,876 fr. 70 cent., dont 1876 fr. 70 cent., déboursés par lui et 30,000 francs de dommages-intérêts.

Le tribunal de commerce a retardé tant qu'il a pu la solution de cette affaire. Mais, le 13 août, il en a fixé les plaidoiries au 27.

**

Voici maintenant quelques dessous de l'affaire, après avoir indiqué les dénis de justice commis, les faux en écriture publique, le viol des lois invoquées.

Nous devons dire pourquoi le juge d'instruction a refusé d'instruire sur les plaintes des 10 avril et 14 mai, alors qu'il ne se faisait aucun scrupule pour instruire sur une affaire analogue dont les considérants et les conclusions conçus dans les mêmes termes, avaient été rédigés également par M. Saulnier (1).

Nous devons dire aussi pourquoi le garde des sceaux n'est pas intervenu pour faire rendre la justice qu'attendaient les créanciers.

C'est que Rouvier et Constans étaient des amis d'Hugelmann; c'est que la veuve de celui-ci a eu, du vivant de son mari, un sénateur pour amant; c'est qu'il y a de sales dessous, que l'on mettrait au jour si l'on remuait tout cela.

(1) Voir l'affaire Mittler-Desbruères que nous résumons plus loin.

Et pour éviter un scandale, car la drôlesse parlera si on la tarabuste, Rouvier, Constans et toute la bande ont appuyé de toutes leurs forces pour que la veuve Hugelmann ne soit pas inquiétée, pour que les juges ne jugent pas.

.·.

Gabriel Hugelmann fils, comme il signait ses articles et ses affiches, était ambitieux : son plus grand désir était d'être député.

C'est souvent à la Chambre que se brassent les affaires. Il y a des quantités de pots-de-vin à collectionner, des fortunes à faire pour les députés peu scrupuleux qui s'entendent aux tripotages.

En 1885, lors des élections pour le complément de la liste du département de la Seine, il avait posé sa candidature « *indépendante* ». Après une réunion mémorable dans la grande salle du Tivoli-Vaux-Hall, où nous houspillâmes fortement ce grand Don Quichotte de Déroulède, Gabriel Hugelmann nous aborda, et après s'être fait connaître, nous apprit qu'il allait, lui aussi, poser sa candidature. Il sollicitait en même temps notre adhésion à son comité, assurant que nous avions « *les mêmes idées* ». Nous refusâmes nettement, ce qui n'empêcha pas Hugelmann de nous convoquer à une réunion publique qu'il donna à la salle Pétrelle.

Mal lui en prit, car il avouait lui-même que les révolutionnaires, amis de M. Odin, auraient défendu dans la réunion la candidature de Nourrit le forçat, exécuteur du général Bréa, en juin 1848.

La vérité est que nous avions fait repousser la candidature Hugelmann, avec perte et fracas, et adopter celle du condamné Nourrit et celle de Gambon.

Hugelmann, le soir de l'élection, compta ses voix, il en avait une trentaine, et il en fallait deux cent cinquante mille.

En 1887 et 1888, il devait être boulangiste et disait à qui voulait l'entendre qu'il serait porté aux élections de 1889 sur la liste boulangiste à Paris. Dans son journal, jusqu'à l'arrivée du ministère Rouvier-Constans, il soutenait Boulanger et la politique boulangiste moyennant finance probablement. Madame Hugelmann était antiboulangiste et ne s'en cachait pas et, comme son mari était reçu chez le général qui le mettait au courant de ses faits et gestes, elle rapportait tout au gouvernement. Ça devient édifiant.

Hugelmann, en février et mars 1889, apprit par Laguerre, avocat, ami alors de Boulanger, qu'il ne serait pas porté sur la liste boulangiste, puis, d'après ses propres paroles, il avait pour amis Constans et Rouvier; il se décida alors, quelque temps après l'arrivée du Ministère de combat, à abandonner le général et sa politique.

Il adora ce qu'il avait brûlé et brûla ce qu'il avait adoré.

Hugelmann se flattait alors d'obtenir ce qu'il voudrait pour le Panama par Rouvier et Constans.

Il ajoutait : « Rouvier ne peut rien me refuser, c'est moi qui ai aidé à le sauver lors de son affaire du Palais-Royal. Lui et madame Rouvier m'en savent un gré infini ; quant à Constans, ajoutait-il, que je connais particulièrement et avec lequel j'ai traité des affaires, il ne peut davantage rien me refuser. »

Un jour, nous raconte M. Saulnier, nous étions sur le boulevard, Hugelmann et moi, lorsque passa M. Rouvier ; il l'arrêta et causa amicalement avec lui.

Un autre jour, nous allâmes, Hugelmann, Loubaresse et moi, à l'Élysée, pour l'affaire Panama. Les ministres étaient en conseil. M. Hugelmann fit passer sa carte à M. Constans et, quelques minutes après, il vint lui-même et sortit avec nous. Il parla très amicalement avec M. Constans qui nous quitta au ministère de l'intérieur.

Pendant les mois de mai, juin et juillet, Hugelmann, dans son journal, soutenait le gouvernement. Très souvent, il allait, soit seul, soit avec madame Hugelmann, voir M. Constans ou M. Rouvier à leur ministère.

Un autre jour, dans un moment d'expansion, Hugelmann avoua qu'il aurait été chargé de faire des rapports au point de vue politique à M. Constans ; il écrivit plusieurs lettres que nous avons lues et qui se trouvaient copiées sur un copie de lettres à part qu'il mettait soigneusement dans le tiroir du bureau de son cabinet.

Enfin tout le monde sait cela : Hugelmann a touché dans les derniers mois qui ont précédé sa mort, des sommes relativement considérables au ministère de l'Intérieur. Elles étaient remises à Hugelmann, mais le plus souvent à Henri Hugelmann, son frère, et à Hourné, son employé.

Maintenant veut-on savoir pourquoi toute la presse, sauf l'*Égalité* et notre pamphlet *Au voleur !* a négligé de parler de l'affaire Hugelmann ?

Pourquoi nul n'a songé à protester contre la scandaleuse attitude des magistrats et du parquet?

On dit tout bas qu'un de nos plus spirituels chroniqueurs, autant homme d'épée que de plume, est l'ami de madame Hugelmann.

Il aurait pris soin de visiter lui-même les rédactions le 16 décembre dernier, quand a commencé l'affaire devant la neuvième chambre, et il aurait prié les journalistes de n'en pas parler.

Les uns par sympathie pour son caractère, par amitié pour lui, se sont tus, certains autres out eu peur.

Et le silence s'est fait.

Voilà ce qui s'est fait et se fait encore dans notre pays.

Un homme parle au nom de la loi, on se moque de ses réclamations ; il prétend qu'on le vole, lui comme les autres, il cite codes et articles, il invoque les grands législateurs et, fort de son droit, il va seul contre tous les vilains oiseaux qui grouillent dans les marais de Thémis, et, comme il a touché à presque toutes les variétés, il a contre lui toute la tourbe des gens de robe, de sacs et de cordes qui vivent de la loi, ceux qu'un de mes bons amis appelait les souteneurs de Thémis. Et il y a dans cette affaire, non pas un homme, non pas une famille, mais cinquante familles qui sont lésées.

Il est indéniable que tout ce monde a le droit de réclamer ce qui lui est dû.

Les gens de robe ont la condescendance de sourire de la naïveté des contribuables qui osent demander justice contre une drôlesse qui les a filoutés, contre les

10.

individus qui sciemment se sont faits ses complices.

La femme Hugelmann est de la pâte dont on fait les Kaulla et les Limouzins ; elle a rendu trop de services en haut lieu, pour que les magistrats osent porter la main sur elle, elle peut passer triomphante. Les magistrats salueront bien bas la protégée des ministres, et si une victime s'approche de trop près et éclabousse d'un peu de vérité la face maquillée de la jolie veuve, les magistrats auront la condescendance de relever leur robe pour essuyer la souillure faite à la fille. Ils souillent leur hermine ? qu'importe après tout!

Ça n'est pas la première fois que le Code fraternise avec la cuvette et que la toge a des odeurs de patchouli ou d'opoponax ; d'ailleurs la prostitution du juge est encore plus vile et plus sale que la prostitution de la femme.

Celle-ci vend son corps, et l'autre vend cette chose sacrée que nous portons en nous, qui nous dit : Tu as bien fait, ou, tu as accompli une mauvaise action, la conscience. La drôlesse est moins à blâmer que le magistrat.

COMMENT ON APPLIQUE LES LOIS

APRÈS FOURMIES. — LE PROCÈS CULINE ET LAFARGUE. — CE QU'EST LA PROVOCATION AU MEURTRE. — L'ESPRIT D'UNE LOI. — UN AUTRE PROCÈS.

Le 1ᵉʳ mai dernier, la population ouvrière de Fourmies avait décidé de chômer, de fêter par des chansons et des jeux l'avènement prochain de l'égalité sociale.

Dans la matinée, quelques ouvriers avaient été arrêtés pour avoir manifesté devant quelques usines qui n'avaient pas voulu faire comme les autres.

Il faut dire que les ouvriers de l'industrie textile étaient en grève et cette grève avait, disent les gros bonnets, motivé l'intervention des gendarmes et l'envoi de troupes de ligne.

La fête était fixée à trois heures, la salle du théâtre était retenue et pavoisée.

Mais est-ce que l'on s'amuse quand des camarades, des amis sont sous les verrous. Allons les réclamer, dit un ouvrier.

Alors femmes, enfants, jeunes filles se précipitèrent vers la mairie.

Cette foule était si peu dangereuse que Giloteau, un garçon de vingt années, conscrit de la classe, portait un drapeau tricolore.

Maria Blondeau, une jolie fille de 18 ans, portait pour toute arme une branche fleurie, garnie de rubans, un mai, que son amoureux avait placé le matin devant son logis.

Quand la foule arriva sur la troupe, une légère bagarre s'engagea. Le commandant sans sommation fit exécuter un feu de peloton qui balaya la place.

Il y avait une quinzaine de morts et trente blessés. Maria Blondeau et Giloteau étaient tombés côte à côte sur le mai fleuri et sur le drapeau tricolore.

Le pays tout entier s'émut de ce crime effroyable, des interpellations eurent lieu.

Le ministre Constans couvrit ses subalternes et quelques députés imbéciles et gobeurs, tout en voulant établir les responsabilités, déclarèrent que l'armée qui avait tiré, que l'officier qui avait commandé le feu devaient être mis en dehors de toute espèce d'enquête. Il paraît que, quand on porte un uniforme, on a le droit de faire assassiner les pauvres gens sans encourir de responsabilités.

Nous laisserons ce côté de l'affaire pour arriver de suite au fait qui la caractérise.

* *

Le ministre avait dit à la tribune : Nous saurons établir les responsabilités, rechercher et punir les coupables.

On a tout d'abord arrêté Culine, l'un des militants les plus actifs du pays.

Mais il était établi par des témoignages qu'au lieu d'exciter la foule, Culine avait au contraire essayé de la calmer, qu'il n'était pas sur la place le jour du massacre. On le garda en prison ; il fallait un coupable et, comme le ministre avait dit que ce coupable serait puni, il était indifférent que ce fût Culine ou un autre.

Pour compliquer l'affaire, pour lui donner un reflet plus dramatique, on résolut en haut lieu, de joindre à l'affaire de Culine une poursuite contre Paul Lafargue, qui avait, quinze jours avant le 1er mai, fait une conférence dans une ville quelconque du département du Nord, distante de Fourmies d'une dizaine de lieues.

Il est facile de trouver un délit dans une conférence et des témoins pour établir, sous serments, ces délits devant un tribunal.

Les policiers ne sont pas seulement faits pour faire la chasse aux chiens enragés.

Paul Lafargue fut poursuivi pour provocation au meurtre et au pillage, en vertu des art. 23 et 24 de la loi du 29 juillet 1881.

Comme c'est uniquement sur l'interprétation de ces articles que roule l'argumentation que nous voulons présenter, voici ces deux articles :

Art. 23. — Seront punis comme complices d'une action qualifiée crime ou délit, ceux qui, soit par des discours, cris ou menaces proférés dans des lieux ou réunions publiques, soit par écrits, des imprimés vendus ou distribués, mis en vente ou exposés dans des lieux ou réunions publiques, soit par des placards ou affiches, exposés aux regards du public, auront directement provoqué l'auteur ou les auteurs à commettre ladite action, si la provocation a été suivie d'effet.

Cette disposition sera également applicable lorsque la provocation n'aura été suivie que d'une tentative de crime prévus par l'art. 2 du code pénal.

Art. 24. — Ceux qui, par des moyens énoncés en l'article précédent, auront directement provoqué à commettre les crimes de meurtre, de pillage et d'incendie, ou l'un des crimes contre la sûreté de l'État prévus par les art. 75 et suivants jusques et y compris l'art. 101 du Code pénal, seront punis dans le cas où cette provocation n'aurait pas été suivie d'effet, de trois mois à deux ans d'emprisonnement et de 100 à 3000 francs d'amende.

Tous cris ou chants séditieux, proférés dans les lieux où réunions publiques, seront punis d'un emprisonnement de six jours à un mois et d'une amende de 16 à 500 francs ou de l'une des deux peines seulement.

Personnellement, nous connaissons Paul.Lafargue et il est absolument incapable de commettre les délits prévus et punis par les articles 23 et 24. C'est un savant, un conférencier, mais il n'a pas les emballements du tribun qui enlève les foules.

Tout ce qu'il dit est pesé mûrement. C'est un conférencier spirituel, mais il sait trop bien ce qu'il dit et ce qu'il veut dire pour donner lieu à des poursuites.

Nous avons gardé le souvenir des fines railleries à nous adressées par Lafargue, lors du procès qu'on nous fit, devant la Cour d'assises de l'Aube, pour un discours prononcé au congrès de Troyes.

Lafargue, qui est un sectaire froid, n'admet ni les emballements de l'orateur ni les brutalités du langage qui jaillissent des lèvres des indignés, dans le feu d'un discours passionné, devant un auditoire enthousiaste.

Pour un peu, il aurait dit que nous avions cherché la poursuite pour le plaisir; s'il ne l'a pas dit, il a dû le penser et a su le faire comprendre.

Pauvre Lafargue! je ne l'avais pas plus cherché que lui, mais il fallait une tête de turc pour montrer aux ouvriers troyens qu'il y avait encore des juges pour condamner ceux qui enseignent la révolte aux prolétaires.

On m'a choisi, c'est un grand honneur pour moi ; on aurait pu vous poursuivre, vous aussi, pour vos discours de Troyes, mais vous n'avez pas perdu pour avoir attendu, et vous payez en ce moment avec les intérêts, la propagande que vous avez faite dans ces dernières années.

.˙.

Je veux prouver ici que l'on poursuit où l'on veut et quand on veut.

Cela est si vrai que, quand je fus poursuivi à Troyes, j'étais sous le coup d'une poursuite pour un discours prononcé à Reims, dans le courant du mois d'octobre 1888 ; le discours qui me valut une poursuite devant la Cour d'assises de l'Aube, fut prononcé le 25 décembre 1888, retenez bien cette date. Quand je sus que j'étais renvoyé devant la Cour d'assises, j'écrivis au juge d'instruction et au procureur de la République de Reims pour demander où en était ma poursuite commencée fin novembre.

Il me fut répondu que la chambre des mises en accusation avait rendu une ordonnance de non-lieu à la date du 19 décembre 1888.

Comprend-on que la chambre des mises en accusation rende une ordonnance de non-lieu contre moi le 19 et que dix jours après, des policiers trouvent un délit dans le premier discours que je prononce en arrivant dans une ville où se tient un congrès ?

J'ai acquis depuis la conviction absolue que des ordres ont été donnés au Parquet de Troyes pour qu'on relève un délit dans le premier discours que je prononcérais. On tenait absolument à me faire condamner pour tuer la propagande que je faisais.

C'est ce qui résulte des dépositions mensongères des trois policiers à l'audience, qui ont rapporté tous trois les mêmes propos que je n'avais pas prononcés, en jurant les avoir entendus.

L'un d'eux est allé plus loin encore. Il a affirmé, à deux reprises, m'avoir entendu tenir les mêmes propos dans *des réunions précédentes.*

Et j'affirme, vingt témoins peuvent affirmer que j'étais arrivé à Troyes le matin du 25 décembre à six heures.

On a fait mes témoins, comme on a fait ceux de Lafargue, ce n'est pas plus difficile que cela.

** **

Mais quelle que soit la violence de mon langage, quelle que soit l'argumentation prêtée par les policiers à Lafargue, il ne s'ensuit pas que nous tombions sous l'application des art. 23 et 24 cités plus haut.

En effet, le législateur a fait insérer dans la loi le mot *directement.*

Tout individu qui aura directement provoqué...

Avais-je, malgré ma violence, provoqué directement? Non, c'est ce que prouva dans une admirable plaidoirie mon avocat, M⁰ Gaillard, député de Vaucluse.

Et Lafargue n'avait pas provoqué plus que moi, puisqu'il se trouvait mêlé à l'affaire de Fourmies sans avoir jamais mis les pieds dans cette localité.

Les art. 23 et 24 sont formels, mais bien plus formel encore est l'esprit de la loi.

La lettre de la loi, c'est le texte des articles; mais l'esprit de la loi se trouve dans la discussion qui a eu lieu lors du vote de la loi.

Or, voici ce que dit l'esprit de la loi :

« C'est qu'il y a dans l'art. 23 un mot très rassurant
« pour les journalistes ou pour ceux qui, à défaut de
« plume, font usage de la parole; c'est que, pour arri-
« ver à établir l'égalité dans la peine, il faut dé-
« montrer que le journaliste et le parleur, — car
« ils sont placés sur la même ligne, — a provoqué
« *directement* à un fait spécial; vous voilà, mes-
« sieurs, rassurés tout d'abord à ce point de vue, et
« si l'on vous dit : mais quoi! vous allez donc attein-
« dre, comme provocation au crime, l'apologie de Bru-
« tus, — ou de tout autre personnage de l'antiquité, —
« vous allez donc frapper d'une peine celui qui aura
« rappelé certains souvenirs historiques, les actes de
« ces grands criminels ou de ces grands politiques?
« Car, politiques et criminels peuvent quelquefois être
« rangés sur la même ligne. Vous pouvez répondre :
« Non ; car il n'est pas possible d'établir la relation
« directe de la cause à l'effet. »

Mais qui a écrit ou dit cela ? tout simplement M. Bozérian, sénateur, dans la séance du 15 juillet 1881.

Et il continuait :

« Donc, en présence de cette nécessité d'établir la
« relation directe de la cause à l'effet, — ce qui ne
« sera jamais possible, je ne crains pas de le dire, je
« n'ai point d'inquiétude sur les conséquences pour
« le journaliste ou le parleur, de l'aggravation de
« peine résultant de ce que la provocation est assimilée
« à la complicité. »

Voyons les commentaires de la loi.

Directement, il faut la provocation à un acte déterminé. Il faut qu'il y ait entre le crime ou le délit commis et la provocation un lien immédiat non douteux.

« Le ministère public devra établir non seulement la provocation directe au crime, mais aussi le lien entre cette provocation et le crime lui-même.

« La provocation, dit M. Lisbonne, page 74 de son « rapport, ne sera donc puni des peines de la compli- « cité que lorsqu'elle sera *directe et spéciale*, c'est-à- « dire lorsqu'elle consistera dans les efforts directs « d'un individu pour que d'autres individus exécutent « un crime déterminé et prévu par la loi pénale. »

Qui dit cela et cite ainsi la parole de M. Lisbonne, sénateur ?

Le Code de la presse, par Albert Faivre et Edmond Benoit-Lévy, avec une préface de M. Floquet, président de la Chambre.

** **

Donc, dans la poursuite contre Lafargue, il y a plus qu'une illégalité, non seulement on ne pouvait lui appliquer les articles de loi qui l'ont fait condamner, mais encore sa condamnation est entachée de faux.

Il y a là une mauvaise interprétation des art. 23 et 24 de la loi du 29 juillet.

Et les avocats des gens poursuivis en vertu de ces articles ont grand tort de ne pas étudier les lois, de ne pas faire au jury cette démonstration que fit Mᵉ Gaillard devant la cour d'assises de l'Aube, à savoir que

pour tomber sous l'application des art. 23 et 24 la provocation devait être *directe*. Ce n'est pas pour le plaisir de faire une phrase qu'on a mis le mot dans la loi.

C'est ce qu'il faut expliquer aux jurés.

Un président leur pose cette question : M. Untel a-
t-il provoqué au meurtre ?

Ah ! mais non ! mon président, tu n'y es plus.

Il faut dire : M. Untel a-t-il directement provoqué à
commettre le crime de meurtre ?

Il faut établir aussi ce que veut dire le mot *directement*. Mon défenseur l'a fait à Troyes, et je m'en suis
bien trouvé, puisque j'ai été acquitté sur les faits prévus par les art. 23 et 24.

Il faut tenir compte de la situation qui est faite aux
gens qui parlent haut.

Les magistrats ont assez l'habitude de considérer
les socialistes comme des brigands que l'on peut à l'aise
condamner sans crainte de représailles.

Les jurés, bonnes bêtes, considèrent l'avocat général comme la plus haute incarnation de la loi.

Ce que dit celui-ci est pour eux paroles d'Evangile.

Est-ce qu'ils savent, eux ?

Dans la vie privée, ils sont droguistes, marchands
de fourneaux ou de produits chimiques, et sur le banc
des jurés ils rêvent, non à la situation de l'homme
qu'ils ont à juger, mais à l'invention qu'ils préparent, à
l'échéance du mois suivant, ou, qui sait, peut-être
suivent-ils par la pensée les ébats amoureux de leur
épouse avec le commis qu'ils ont laissé à la maison.

Ils ont besoin d'être protégés, ces braves gens, ils veulent avoir le droit de gagner beaucoup d'argent, et ils

sont très contents qu'on leur livre de temps en temps un socialiste militant, c'est avec plaisir qu'ils se vengent sur lui des terreurs qu'ils ont, du commis qui les gruge et de leur femme qui les trompe pendant qu'ils sont au Palais.

En province, ils sont aussi féroces qu'à Paris. Les magistrats ne sont pas fâchés de partager la responsabilité de certaines condamnations avec les douze jurés, cela soulage leur conscience, ils portent plus allègrement le poids de leurs remords.

C'est donc avec la conviction qu'ils sauvaient la société qu'ils ont condamné Lafargue et Culine. Ceux-ci ont fait un pourvoi en cassation. A son tour, cette juridiction a jugé à côté en rejetant le pourvoi et en confirmant la sentence des premiers juges.

Mais comme cela arrive toujours, ces messieurs ne se sont pas occupés des arguments de droit.

Les lois et les codes, ils s'en moquent. Une seule chose ne les laisse pas indifférents : l'argent qu'ils touchent.

Le plus souvent, les dossiers qui leur sont soumis ne sont même pas ouverts. A quoi bon se fatiguer ?

Tous ceux que l'on condamne sont ou doivent être des criminels, surtout s'ils ont un peu, dans le courant de leur existence, attaqué les privilégiés et les magistrats.

Ah ! par exemple, il en aurait été autrement si Lafargue se fût appelé Rabaroust, et Culine Wilson. Pour les coquins de haute lignée, il est des juges pleins de complaisance ; mais, pour les pauvres qui parlent au peuple de ses droits et de ses devoirs, il n'y a que des rigueurs.

C'est ainsi que, dans la société actuelle, les satisfaits ont pris eux-mêmes à tâche de creuser la fosse qui sépare les honnêtes gens des coquins, les volés des voleurs.

Les magistrats n'ont pas hésité, ils se sont placés eux-mêmes du côté des voleurs. Tant pis pour eux.

AFFAIRE MITTLER-DESBRUÈRES

UNE PLAINTE EN FAUX EN ÉCRITURE PUBLIQUE ET AUTHENTIQUE. — ON INSTRUIT SUR CELLE-CI. — LE JUGE D'INSTRUCTION PRINET.

Dans le cours de l'affaire Hugelmann, nous avons eu l'occasion de citer une affaire identique, conduite également par M. Saulnier, sur la plainte duquel on a instruit, alors que nul magistrat ne consentait à rechercher la vérité dans l'affaire Hugelmann.

Voici, pour bien établir la partialité et la mauvaise volonté des magistrats, l'historique de cette affaire, bien moins importante que l'affaire Hugelmann, quoiqu'elle relève des mêmes lois et des mêmes articles.

Au moment où M. Saulnier s'occupait de l'affaire Hugelmann, il fut chargé d'une affaire grave et délicate pour une dame Mittler, demeurant à la Varenne-Saint-Hilaire, chez son père, épouse divorcée de M. Jean-Rong Desbruères, demeurant à Paris, 265, rue Saint-Honoré, contre ce dernier et ses trois frères, MM. Pierre et Charles-Gaspard Desbruères, demeurant actuellement à Paris, 61, rue des Petits-Champs, et M. François Desbruères, demeurant à Paris, 57, rue du Faubourg-Montmartre.

Madame Desbruères avait formé sa demande en séparation de corps, convertie plus tard en divorce, au mois d'août 1885.

Les scellés furent apposés et l'inventaire fut fait par Mᵉ Carré, notaire, le 28 août 1885. Il ne fut clos que le 25 février 1886.

Le divorce fut prononcé par jugement le 9 février 1888.

Madame Desbruères, née Mittler, avait apporté en dot 55,000 francs et le 7 avril 1887, son mari fut condamné à lui payer une pension annuelle de 4800 fr., à partir du jour de la demande; de sorte qu'aujourd'hui, tant pour sa dot que pour sa pension, il lui est dû et il doit lui être attribué sur les biens de communauté, environ 90,000 francs.

M. Desbruères avait été associé à M. Mittler père et ce dernier lui versa, après rupture, en 1882, 160,000 francs qui furent placés chez un banquier et employés à l'achat de diverses valeurs.

Le 11 mars 1883, une société légale fut formée entre M. Jean-Rong Desbruères et M. Pierre Desbruères, son frère, pour le commerce en gros de rubans, soieries et tous articles de modes.

La société dura peu de temps et fut liquidée et abandonnée au commencement de 1884; de sorte que les deux associés rentrèrent dans leurs fonds.

Les trois frères Jean-Rong, Pierre et François Desbruères firent alors des études pour une machine à mesurer les rubans, appelée automètre.

Au mois d'août 1885, au moment de la demande en séparation de corps, les trois associés avaient dépensé chacun tout au plus 15,000 francs, pour ces études.

A la même époque, M. Desbruères (Jean-Rong) possédait en valeurs de communauté 155,000 francs environ. Il avait touché de son beau-père 160,000 francs, il avait conservé 10,000 francs en se mariant, en admettant qu'il eût perdu 15,000 francs, c'est donc

155,000 francs qui restaient. Ces 155,000 francs étaient représentés : 1° par 15,000 francs dépensés dans l'auto-mètre; 2° et par des valeurs diverses, argent, etc.

M. Desbruères, mécontent que sa femme ait introduit une demande en séparation, puis en divorce, résolut de la dépouiller avec le concours de ses trois frères ; les avoués et les notaires laissèrent faire, ils y trouvaient leurs intérêts.

M. Jean-Rong Desbruères s'établit, 265, rue Saint-Honoré, sous le nom de son frère, Charles-Gaspard, et la fraude fut constatée civilement par jugement du 8 novembre 1888.

M. Desbruères eût dû déclarer dans l'inventaire de 1885 et 1886 les 155,000 francs qui existaient pour en être constitué dépositaire à titre de gardien judiciaire et à charge de les rendre et représenter.

Il déclara, à la clôture de l'inventaire, 25 février 1886, que tout se trouvait dans la société qui existait depuis 1883 avec ses frères.

Pour arriver à faire cette déclaration et autres qui étaient fausses et mensongères, voici ce qui avait été fait :

1° On résolut de faire revivre la société du 11 mars 1883 et de se servir de la raison et de la signature sociales dont on ne pouvait plus faire usage sans commettre un faux, et de faire un acte de prorogation de cette société en y adjoignant M. François Desbruères, et ce pour un objet autre que celui prévu par le contrat ;

2° La société du 11 mars 1883 avait un objet déterminé, on résolut alors d'insérer, dans un acte que l'on ferait, que la société du 11 mars 1883 avait pour objet, non seulement le commerce des rubans, mais encore *et toutes autres opérations commerciales;*

3° Cet acte projeté fut réalisé le 13 novembre 1885 et publié conformément à la loi. Dans cet acte, les trois frères se servirent de la fausse signature sociale Desbruères frères; ils constatèrent, ce qu'ils savaient être faux, que la société du 11 mars 1883 avait pour objet : *et toutes autres opérations commerciales,* ils y firent toutes autres déclarations et constatations fausses et mensongères;

4° Depuis le 13 novembre 1885, ils ont fait usage de la raison et de la signature sociales Desbruères frères créées par l'acte du 11 mars 1883 et se sont servis de l'acte faux et frauduleux du 13 novembre 1885, soit lors des inventaires, soit pour créer des obligations actives et passives au préjudice de madame Desbruères;

5° Dans les inventaires, M. Jean-Rong Desbruères, non seulement fit usage des actes faux, mais encore il fit des déclarations fausses et mensongères dans ce même inventaire.

Au moyen de tous ces actes et des déclarations fausses et mensongères, M. Jean-Rong Desbruères s'est rendu insolvable; il prétend qu'il ne possède rien et que tout a été mis dans la société du 11 mars 1883, prorogée le 13 mars 1885.

Aussitôt chargé de l'affaire, M. Saulnier se mit au travail et étudia tout le dossier de madame Desbruères. Il lui fut facile, après une étude longue et approfondie, de démontrer en fait et en droit que tous les actes, faits et circonstances imputés aux trois frères Desbruères et

11.

notamment ceux qui viennent d'être précisés, constituaient, comme dans l'affaire Hugelmann : 1° Les crimes de faux en écriture de commerce et authentique, dont sont entachés l'acte du 13 novembre 1885 et l'inventaire des 28 août même année et 25 février 1886 ; les crimes de faux matériel en se servant de la signature sociale Desbruères frères, créés par l'acte du 11 mars 1883 et les crimes d'usage de faux ; tous ces crimes prévus et punis par les art. 147 et 148 du Code pénal ; 2° les délits de détournement, de vol, d'abus de confiance prévus et punis par les art. 379, 380, 401 et 408 du Code pénal et autres.

Son travail terminé, M. Saulnier le soumit à M. Goirand, avoué de madame Desbruères. Il y eut d'assez longues conférences. M. Goirand ne voulait pas voir la lumière, mais, sur l'insistance de M. Saulnier, on consulta un avocat et heureusement celui-là était resté assez honnête homme pour juger sainement ; ce fut M. Martin-Feuillée, avocat, ancien ministre. Il approuva le travail de M. Saulnier et la plainte préparée et il promit même de la déposer avec M. Goirand.

Le 19 juillet 1890, cette plainte fut signée par madame Mittler et déposée par MM. Martin-Feuillée et Goirand.

Le procureur de la République, après une enquête préparatoire, fit un réquisitoire et confia l'instruction à M. Prinet, qui était chargé en même temps de l'affaire Hugelmann.

M. Prinet, qui n'avait pas voulu consentir à s'occuper de cette dernière, parce qu'il y a trop de choses malpropres à remuer, M. Prinet fit diligence pour l'affaire Desbruères, dont la plainte n'a été portée que le 19 juillet 1890.

Cela constitue, à n'en pas douter, un acte de partialité, une violation flagrante des lois.

Que fait-on alors de la fameuse égalité devant la loi?

Le 6 août, madame Mittler fut citée au cabinet de M. Prinet. M. Goirand l'accompagna et entra avec cette dame dans le cabinet du juge.

Ils y restèrent assez longtemps. M. Saulnier attendait dans le couloir.

M. Goirand qui cumule la charge d'avoué avec les fonctions de député, partait en vacance; il dit à M. Prinet que, pendant son absence, il le priait de communiquer avec M. Saulnier, le conseil de madame Desbruères, qui connaissait l'affaire tout aussi bien que lui et avec lequel il correspondrait.

M. Prinet dit d'abord oui, puis tout à coup, s'adressant à M. Goirand et à madame Desbruères : « Est-ce que M. Saulnier n'est pas ce M. Eugène Saulnier, jurisconsulte, 74, rue du Moulin-Vert, qui s'occupe de l'affaire Hugelmann? » M. Goirand répondit affirmativement. Alors M. Prinet déclara à M. Goirand qu'il ne voulait pas avoir de rapports *avec un tel homme*.

En sortant du cabinet du juge d'instruction, M. Goirand fit connaître à M. Saulnier ce que venait de lui dire Prinet et le pria d'attendre quelques instants madame Desbruères.

Madame Desbruères resta seule avec M. Prinet qui la questionna et lui fit subir un véritable interrogatoire pour arriver à savoir si c'était M. Saulnier qui avait fait la plainte et les mémoires.

Madame Mittler, eu femme intelligente, affirma que
non, que M. Goirand seul s'en était occupé.

Mais ce n'est pas tout : — M. Prinet alla beaucoup
plus loin : il dit à madame Desbruères de ne pas conserver un tel homme d'affaires, que si elle voulait
avoir la protection et la bienveillance des juges et gagner son affaire, elle devait au plus tôt se débarrasser
de M. Saulnier.

M Saulnier, indigné, voulait dénoncer M. Prinet,
mais il ne crut devo r rien faire sans consulter M. Martin-Feuillée, auquel il écrivit le 7 août pour le
mettre au courant de la honteuse conduite du juge
Prinet.

Le 9 août, M. Martin-Feuillée répondit à M. Saulnier
une lettre ainsi conçue :

« Je comprends que les faits que vous me signalez
« vous aient causé une impression très pénible, mais
« dans l'intérêt même de l'affaire de madame D, s-
« bruères, je suis d'avis que vous ne devez rien faire,
« ni rien dire.

« Quand je verrai madame Desbruères, je saisirai
« d'ailleurs l'occasion de lui dire que, si elle réussit
« dans son affaire, elle le devra avant tout à votre très
« intelligente initiative, et en disant cela, je ne fais
« qu'à accomplir un acte de justice et rendre hommage
« à la vérité. »

Cette lettre n'est pas celle d'un homme qui trouve
qu'une affaire est mal conduite.

M. Martin-Feuillée rend hommage à la droiture et
aux connaissances de M. Saulnier.

En éloignant M. Saulnier de l'affaire Desbruères,

M. Prinet avait un double but. D'abord se venger de ce que le jurisconsulte n'avait pas voulu se prêter à ses fantaisies et combinaisons illégales dans l'affaire Hugelmann et surtout l'empêcher d'assister aux perquisitions qui seraient faites chez les frères Desbruères à Paris.

Malgré ce qu'avait dit M. Prinet à M. Goirand, celui-ci n'osa pas éliminer M. Saulnier de l'affaire et madame Desbruères déclara à ce dernier qu'il continuerait à l'assister de ses conseils, mais de manière que M. Prinet ne le sache pas.

M. Saulnier et madame Desbruères, ainsi que M. Goirand, étaient liés par une convention écrite et signée seulement des deux premiers. D'après cette convention M. Saulnier et M. Goirand doivent avoir pour honoraires 16 pour cent sur ce qui sera recouvré et se le partageront par moitié. Si l'affaire ne réussissait pas, M. Saulnier n'aurait aucuns honoraires et M. Goirand seulement la provision reçue.

Le 6 août, M. Prinet demanda à M. Goirand de lui donner une note des papiers, documents, titres, etc., qu'il y aurait lieu de saisir chez les quatre frères Desbruères, dont l'un, Pierre, habitait Saint-Etienne. M. Saulnier fut chargé de dresser cette note. Il la remit à M. Goirand qui la fit porter immédiatement à M. Prinet.

Si M. Saulnier n'eût pas été éloigné par M. Prinet, il aurait assisté aux perquisitions, ce qui n'aurait pas fait l'affaire de M. Prinet et du commissaire aux délégations judiciaires, qui devait en être chargé.

Les perquisitions eurent lieu seulement à Paris chez

les trois frères Jean-Rong, Charles-Gaspard et François Desbruères, le 27 août 1890. Le même jour on devait procéder à Saint-Etienne, mais il paraît qu'on ne trouva rien.

Les perquisitions à Paris furent faites par M. Clément, commissaire aux délégations judiciaires, assisté de M. Bigot, principal clerc de M⁺ Goirand.

M. Clément ne perquisitionna pas. Il procéda par voie d'interrogatoire et M. Bigot accepta une telle manière de procéder, illégale et inexplicable. Ils arrivèrent chez M. Jean-Rong Desbruères qu'ils trouvèrent avec sa femme (M. Desbruères est remarié).

M. Clément ne fit aucune perquisition ; il posa certaines questions à M. Desbruères qui lui répondit qu'il n'avait rien.

Il y avait cependant des livres, des papiers, titres et documents à saisir, l'on ne s'en occupa point.

Devant MM. Clément et Bigot, M. Desbruères dit à sa femme d'aller prévenir son frère Charles-Gaspard, 61, rue des Petits-Champs. M. Clément laissa partir madame Desbruères et il quitta la rue Saint-Honoré, 265, pour se rendre, 61, rue des Petits-Champs ; seulement, il s'arrangea de façon à n'arriver là que lorsque madame Desbruères aurait pu prévenir son beau-frère et aurait tout enlevé. Lorsque MM. Clément et Bigot arrivèrent, ils trouvèrent madame Desbruères qui se disposait à sortir de chez son beau-frère. Ils entrèrent et trouvèrent M. Charles Desbruères dans une pièce de débarras, non attenante au magasin, il venait de fermer son coffre-fort.

Il ne peut y avoir de doute sur ce qui précède, le

procès-verbal dressé par M. Clément constate ce qui suit, copié textuellement :

« A notre arrivée, dit M. Clément dans son procès-
« verbal, nous avons trouvé sa belle-sœur, domiciliée
« rue Saint-Honoré, 265, qui se disposait à sortir. Son
« mari nous avait préalablement fait savoir qu'il avait
« envoyé sa femme prévenir son frère. Nous avons
« trouvé ce dernier dans une pièce de débarras, non at-
« tenante au magasin et desservie par un escalier de
« service. Il venait de fermer son coffre-fort. Nous
« avons immédiatement décliné notre qualité et le mo-
« tif de notre visite. Puis nous avons extrait du coffre-
« fort les papiers et les valeurs qu'il contenait, et après
« examen, en présence de madame Jean-Rong Des-
« bruères, née Alphonsine Roblin, nous avons cons-
« taté que le coffre-fort renfermait : 1° 4500 francs en
« billets de banque et or ; 2° 10 actions de 500 francs
« au porteur de l'administration d'Affichage et de Pu-
« blicité ancienne maison E. Régnier ; 3° 10 actions au
« porteur Banque générale d'arbitrage et de crédit ;
« 4° 19 actions au porteur de Lyon. »

M. Clément saisit sur la demande de M. Bigot diverses pièces personnelles, mais on n'y trouva pas les autres pièces, titres et documents qui auraient été la preuve des crimes et délits imputés. M. Charles Desbruères, prévenu, avait eu le temps de faire disparaître les pièces, titres et documents qui auraient fait cette preuve.

Il existait des livres, correspondances et autres documents qu'on se garda bien de saisir.

Le policier Clément alla en dernier lieu chez M. François Desbruères, 57, rue du Faubourg-Montmartre, où il devait trouver toutes les pièces, correspondances et autres relatives à l'automètre ; ces pièces auraient aidé à faire la preuve des crimes et délits imputés.

M. Clément ne perquisitionna pas. Il procéda par voie d'interrogatoire et M. François Desbruères lui répondit que tout était brûlé.

M. Saulnier fut informé par M. Bigot de ce qui s'était passé et il écrivit à M. Goirand qui lui répondit le 4 septembre en ces termes :

« J'ai bien reçu votre lettre et vous remercie des dé-
« tails qu'elle contient.

« Je ne comprends vraiment pas que la perquisition
« ait été faite avec l'indifférence que vous me signalez.
« Tout le résultat devait ressortir de l'habileté ou de
« l'énergie de l'instruction judiciaire, mais à cela nous
« ne pouvons vraiment rien. Quand je serai rentré à
« Paris, nous reprendrons l'affaire et je tâcherai de lui
« imprimer une allure plus énergique. »

Les perquisitions à Saint-Étienne furent recommen-cées en décembre. Le commissaire de police de Saint-Étienne procéda le 18 décembre et saisit un grand nombre de livres, papiers et correspondances, et le tout fut envoyé à M. Prinet, juge d'instruction.

M. Prinet acquit certainement la preuve que les li-vres saisis n'étaient pas les vrais, qu'ils avaient été re-faits, tout au moins un, et qu'alors, non seulement la preuve des crimes et délits imputés était faite, par cela même, mais encore que de nouveaux crimes venaient se greffer sur les autres.

M. Prinet résolut de se débarrasser de l'affaire et de

la confier à un expert. Il en parla à M. Goirand qui lui désigna M. Michel, expert-comptable, 5, passage Violet.

M. Goirand en prévint immédiatement M. Saulnier, qui se mit en rapport avec M. Michel. Ce dernier communiqua ses impressions à M. Saulnier et lui montra le seul livre qu'il avait. Il n'était pas besoin de regarder ce livre à deux fois pour se convaincre qu'il avait été fait pour les besoins de la cause.

M. Saulnier se fit confier par M. Michel les pièces saisies et trouva la preuve qu'il cherchait dans une liasse de lettres adressées par M. Jean-Rong Desbruères à son frère de Saint-Étienne.

Après une conférence avec MM. Goirand et Martin-Feuillée, M. Saulnier fut chargé de rédiger une plainte au procureur de la République et à M. Garnot.

Il y avait d'autant plus d'urgence à faire cette plainte que M. Prinet venait d'être nommé conseiller à la Cour et qu'il était remplacé par M. Garnot, juge d'instruction, qui ne connaissait pas un mot de l'affaire et auquel M. Prinet avait dit qu'il pouvait rendre une ordonnance de non-lieu.

Une fois rédigée, la plainte fut soumise à MM. Goirand et Martin-Feuillée qui l'approuvèrent, puis signée par madame Desbruères le 6 juin.

Cette plainte (1) fut déposée par MM. Martin-Feuillée et Goirand au parquet de M. le procureur de la République et fut transmise immédiatement à M. Garnot qui la renvoya à M. Michel.

M. Saulnier ne s'arrêta pas là, il pria M. Michel d'obtenir de divers banquiers et agents de change,

____

(1) Voir aux annexes lettre H.

leurs comptes concernant les opérations faites par les frères Desbruères.

Bien lui en prit, car le compte du Crédit Lyonnais révéla qu'en juin et août 1885, M. Desbruères avait vendu pour 72,948 fr. 80 de valeurs et qu'il avait encaissé le 29 août, le lendemain de l'inventaire commencé après séparation de corps, 60,520 fr. 50 qui ne furent déclarés ni à cette vacation ni à celle du 25 février 1886.

Il est bien évident que c'est grâce à M. Saulnier que tout le pot-aux-roses a été découvert et depuis que l'affaire est dans la bonne voie, tout le monde travaille à l'éloigner. M. Goirand lui-même, dans un sentiment de jalousie, est devenu son adversaire.

Seule, madame Desbruères qui s'est rendu compte de ce qu'il avait fait pour elle, continue à user de ses conseils.

Elle a même défendu à ses parents de s'occuper de ce qui la concernait.

Toute l'organisation de l'affaire est en bonne voie et sûrement le triomphe de madame Desbruères est au bout; il ne faut pas oublier que la somme qu'elle revendique de son mari s'élève à 90,000 francs.

Les honoraires de MM. Goirand et Saulnier réunis s'élèveraient à 15,000 francs.

Mais l'attitude du juge Prinet et des autres magistrats a eu dans cette affaire une autre conséquence préjudiciable à M. Saulnier.

Quand la famille Mittler se fut rendu compte de son activité, on le chargea de diverses affaires de litige ou de contentieux. Il travailla sérieusement et en fit aboutir plusieurs, et un jour, sans un mot, sans un arrangement, les membres de la famille Mittler, sauf madame Desbruères, confièrent leurs affaires en bonne voie, le travail exécuté par M. Saulnier, à un agréé M. Lignereux.

Ces gens-là ne brillent pas précisément par la délicatesse ; mais, s'ils ont oublié d'être honnêtes en affaires, ils ont du moins le mérite d'être logiques, ils sont de leur époque.

Ils se sont dit : M. Saulnier est très adroit, nos affaires ne sont pas mal embrouillées, nous allons l'en charger. Puis, quand, après plusieurs mois d'un labeur acharné, ils virent que tout était en bonne voie, ils retirèrent leurs affaires et confièrent le tout à un autre.

M. Saulnier réclame des explications et ses honoraires.

Ses clients, sachant qu'il est la bête noire des juges, l'envoient promener.

Pour obtenir ce qui lui est dû, M. Saulnier doit les poursuivre devant le tribunal de commerce.

Maintenant nous allons poser deux questions :

1° Si M. Prinet n'avait pas dit à madame Desbruères de ne pas utiliser les services de M. Saulnier, si elle voulait avoir la bienveillance des juges, les parents de cette dame auraient-ils eu l'idée de ne pas payer l'homme d'affaires après l'avoir fait travailler ?

2° Etant donné que M. Saulnier s'est permis de rappeler quelques juges au respect des lois, les magistrats qui sont tous touchés quand on touche à l'un d'eux, rendront-ils justice à l'homme qui les a attaqués ?

Ne voulant préjuger de rien, nous laissons le lecteur libre de formuler ses réponses.

Nous clorons cette affaire en faisant cette navrante constatation :

Les magistrats rendent la justice quand ils veulent, comme ils veulent et ils ne tiennent compte ni des lois, ni des codes, mais uniquement de leurs intérêts ou de leur bon plaisir.

FONCTIONNAIRES ET POTS-DE-VIN

LE POLICIER INQUISITEUR FOUQUET — LES PETITS BÉNÉFICES DE
LALMAND ET ROUQUIER. — LE COMMISSAIRE SANTINI.

Tout le monde n'a pas eu le désagrément de connaître le commissaire inquisiteur Fouquet.

Ce drôle, aujourd'hui encore employé à la préfecture de police, eût peut-être fait un très bon tortionnaire au moyen âge et certainement il doit regretter les brodequins, le chevalet et les tenailles qui arrachaient, en même temps que les chairs palpitantes des accusés, les aveux de crimes que souvent ils n'avaient pas commis.

Le bourreau d'autrefois n'avait pas besoin de beaucoup d'imagination, le juge instructeur non plus.

On amenait l'accusé.

— Voulez-vous avouer ?

— Mais je n'ai rien fait !

— Une fois... deux fois... voulez-vous parler ?

— Je suis innocent.

Le juge inquisiteur faisait un signe et le bourreau broyait les membres, arrachait les chairs du patient. Pas besoin de diplomatie, à chaque dent que le tortureur arrachait, le juge demandait au patient :

— Voulez-vous parler ?

— Mais je ne sais rien ! hurlait le malheureux.

— Continuez.

Et le bourreau continuait. Quand le corps du patient

portait une centaine de plaies par lesquelles le sang
vermeil s'écoulait, quand il avait les membres broyés,
on lui versait du vinaigre ou de la poix bouillante sur
les plaies et à chaque cri de douleur, le juge disait :

— Voulez-vous avouer ?

Ce n'était pas plus difficile que cela.

Maintenant on doit y mettre de la diplomatie.

Fouquet a remplacé la torture par une inquisition
morale.

Une bonne, mademoiselle Marie Chatté, est accusée à tort d'avoir dérobé une bague,

Le commissaire la prie tout d'abord poliment d'a-
vouer son forfait.

— Mais je n'ai rien volé !

— Mais si, voyons, dites la vérité ?

— Je vous jure !

Et la pauvre fille se met à pleurer.

— Qu'est-ce que ça vous fait ? Si vous avouez, je vous
remets en liberté, votre frère paiera la bague et on ne
vous inquiétera pas.

— Mais je ne peux pas avouer cela ! je n'ai rien volé !

— Ça ne fait rien, avouez tout de même.

— Non, je suis une honnête fille.

Du coup Fouquet faillit tomber à la renverse, une
honnête fille, ça le changeait un peu, il fréquentait
tant de coquins, y compris ses supérieurs, M. Constans
entre autres.

— Une honnête fille ! Chouette, je n'en ai jamais
vu. Ça ne doit pas être fait comme celles qui ne le sont
pas.

Et Fouquet se dit qu'il fallait d'autant plus qu'elle

avouât le crime qu'elle n'avait pas commis, que c'était
une honnête fille. Ah ! si c'eût été une madame Hugelmann !

Alors il changea de thèse et de genre, et de la per-
suasion il passa à la menace.

— Ah ! tu te permets d'être une honnête fille, et
tu penses que cela va se passer comme ça. Tu vas aller
en prison pour t'apprendre à être une honnête fille, en-
tends-tu ? Tu seras condamnée, déshonorée, flétrie ; on te tournera le dos et nul ne voudra plus te
donner du travail, puisque tu auras une condamnation
pour vol.

— Mais, monsieur, par pitié !

— Avoue alors !

— Non ! jamais ! je n'ai rien pris.

— Que tu aies pris la bague ou non, peu importe, tu
aurais pu la prendre, et si tu ne l'as pas prise, tant pis,
tu as eu tort, voilà tout ; mais il faut avouer tout de
même.

— Jamais de la vie !

— Bon, alors tu vas aller au dépôt dans l'élégante
voiture qu'on appelle panier à salade ; au dépôt tu seras
avec toutes les rouleuses, toutes les hirondelles du trot-
toir, toutes les mégères qui vendent les petites filles aux
vieux messieurs, tu coucheras sur un sale lit de camp
où grouille la vermine ; et au bout de quelques jours,
quand ton cœur et ton corps seront souillés aux con-
tacts impurs, tu iras en correctionnelle voir mon ami
Toutée ; il n'est pas tendre, mon ami Toutée, surtout
pour les honnêtes gens. Ah ! si tu avais fréquenté le bal
des Vaches, ce serait une autre affaire, mais voilà, tu

ne connais pas cet établissement qui a servi de marchepied à Toutée pour arriver à la présidence de la neuvième chambre. Tu es une honnête fille, ça ne vaut rien d'être honnête. Si j'avais été honnête, est ce que je serais ici? regarde-moi. Donc, tu iras en police correctionnelle, tu seras assise au banc des accusés, le public te regardera, tu sentiras peser sur toi la réprobation de tous et de toutes, les gardes eux-mêmes te regarderont avec mépris. Toutée t'appellera fille Chatté, absolument comme si tu avais gardé les clientes de sa belle-mère avec lui. L'avocat général te traînera dans la boue pour prouver que tu as volé la bague ; tu seras à jamais flétrie, déshonorée, tu ne trouveras plus ni amant ni mari, tu seras bien une voleuse.

Et toujours la pauvre fille répétait :

— Je n'ai rien pris.

— Qu'est-ce que ça fait, reprenait Fouquet, que tu aies pris la bague ou autre chose, je m'en fiche pas mal. Ce qu'il me faut, c'est un coupable ; je te tiens, je te garde, maintenant tu n'as plus qu'à avouer.

— Jamais!

— A ton aise.

Fouquet garda la pauvre fille presque deux journées au poste. Il la confronta avec son frère, elle persistait à nier, et chaque fois l'ignoble policier répétait :

— Avoue, et on ne te fera rien. Je te remets en liberté.

La pauvre fille refusa longtemps, mais la solitude de la prison, les larmes, la honte, tout cela mollit son caractère, et, au moment de monter en voiture, elle avoua un vol qu'elle n'avait pas commis, pour ne pas aller en prison.

Fouquet triomphait, mais il montra de suite ce que valait la parole d'un policier; il était en règle, il consigna les aveux sur un procès-verbal et envoya celui-ci au parquet en même temps que la demoiselle Chatté au dépôt.

Par exemple, celle-ci la trouva mauvaise, et devant le tribunal — elle eut la chance de ne pas être présidée par Toutée, — elle raconta quel magistral lapin lui avait posé le policier.

Elle dit comment il l'avait menacée, torturée, pour obtenir des aveux en échange de sa liberté.

Et les juges, par hasard, l'acquittèrent. Après cela, Fouquet ne fut pas révoqué, mais seulement appelé à d'autres fonctions, et on sait ce que cela veut dire.

Quand ils ne sont pas criminels de cette façon, ils savent l'être autrement.

Voici que quelques jours après l'affaire Fouquet éclata un autre scandale.

On ouvre une instruction contre un banquier véreux, nommé Doucet, et on met le nez sur un pot-aux-roses auquel on était loin de s'attendre.

Au cours d'une première instruction judiciaire, ouverte il y a quelques années contre Doucet, le banquier de la rue de Châteaudun, les commissaires de police Lalmand et Rouquier entrèrent en relations avec lui. Rouquier était, à cette époque, secrétaire de M. Lalmand.

Le banquier avait besoin que la police fermât les yeux, et il bouchait les yeux aux commissaires de police avec des louis ou des billets de banque. Voici quelques lettres trouvées dans ses papiers.

Celle-ci, datée de 1887 :

MON CHER MONSIEUR,

Pouvez-vous mettre à ma disposition 30 beaux louis dont j'ai absolument besoin ?

A vous et merci.

ROUQUIER.

Puis ces deux autres, qui sont très explicites sur la façon dont il entendait récompenser le banquier.

Juin 1890.

MON CHER MONSIEUR DOUCET,

Pouvez-vous disposer d'un peu d'argent pour moi ? J'en ai grand besoin, *vous savez que je vous en serai bien reconnaissant* ET QU'EN TOUTE OCCASION VOUS POUVEZ COMPTER SUR MOI.

Signé : ROUQUIER.

MON CHER AMI,

J'ai encore besoin de 100 francs... envoyez-les-moi... *Vous savez que je suis toujours prêt à vous être utile en cas de difficultés dans vos affaires.*

N'est-ce pas que c'est tout à fait gentil? Ces lettres expliquent pourquoi tant de banquiers parviennent à filer — viâ Bruxelles — avant l'arrivée des agents qui viennent les arrêter.

M. Lalmand a demandé sa mise à la retraite et Rouquier a été révoqué.

Comment voulez-vous que les agents ne soient pas

accessibles à la séduction d'un verre de vin, quand ils voient tous les jours leurs chefs en recevoir de si nombreux pots?

*
* *

Voici maintenant un nouveau genre de canaillerie policière.

Il était dans le quartier de la Goutte-d'Or, XVIII° arrondissement, un policier en chef du nom de Santini. Cet homme était d'une excessive affabilité pour ceux qui disposaient de quelque fortune.

Entre autres choses il était le complaisant serviteur de la bande de pirates qui tiennent en coupe réglée les immeubles des rues de Suez et de Panama. Avait-on une expulsion à faire? M. Santini ne regardait pas si elle était légale ou non. Les nommés Houbard et Sellier avaient de l'argent et de l'influence, et M. Santini était leur homme.

Mais, quand il a voulu s'attaquer aux gens riches, il lui en a cuit.

Ce fonctionnaire avait tout simplement facilité une escroquerie au préjudice d'un fou, M. de la Saigne, en légalisant indûment la signature de ce malheureux.

Cette manœuvre avait permis à sa maîtresse, une fille Doussin, dite femme Delmont, de s'approprier la plus grande partie de la fortune du fou.

Santini, qui était aussi l'amant de la fille Doussin, est fortement soupçonné d'avoir quelque peu profité de cette escroquerie.

C'est très édifiant comme on voit, mais voici l'histoire, qui mérite d'être citée longuement.

Au mois de septembre dernier, M. de la Saigne se tirait un coup de revolver chez sa maîtresse, la femme Delmont.

Celle-ci envoya chercher le docteur Bergeron et le commissaire Santini.

On donna des soins au blessé, on lui enleva tout ce qu'il avait sur lui, son argent et ses valeurs, et le lendemain le sieur Santini et le docteur Bergeron le firent transporter à l'hôpital Dubois, puis quelques jours après le firent interner comme fou à l'hospice Sainte-Anne.

M. Bergeron s'était emparé, lors de la tentative de suicide, de tout l'argent et des valeurs que de la Saigne avait sur lui. Il donna 3000 francs à la femme Delmont et remit le surplus à l'Assistance publique, mais garda pour lui un titre de rente au nom de M. de la Saigne d'une valeur de 50,000 francs.

Peu après, la dame Delmont s'entendit avec Santini. Ils résolurent de faire signer à de la Saigne une procuration pour vendre le titre dont Bergeron s'était emparé.

Madame Delmont, accompagnée de M. Santini, se rendit à Sainte-Anne. Tous deux eurent une entrevue avec M. de la Saigne. Ils lui dirent qu'ils s'occupaient de le faire sortir de Sainte-Anne, et que, pour arriver à ce résultat, il fallait signer la pièce qu'ils lui présentaient. De la Saigne signa. Madame Delmont fit également signer deux témoins de complaisance, et Santini légalisa la signature de M. de la Saigne et des témoins.

Quelque temps après, de la Saigne racontait cette

scène à Sainte-Anne, et le pot-aux-roses était découvert.

Après un mois de tergiversations, M. Lozé renonçait à couvrir plus longtemps son commissaire et le révoquait.

Des poursuites furent exercées contre Santini et la femme Delmont, ainsi que contre le docteur Bergeron.

Ce dernier est renvoyé en police correctionnelle sous l'inculpation d'abus de confiance.

Quant, à Santini, en raison de ses fonctions, il relevait de la cour d'appel, jugeant correctionnellement. La femme Delmont, sa complice dans l'extorsion de signature, fut poursuivie devant la même juridiction.

Le commissaire de police Santini a été CONDAMNÉ A DEUX ANS DE PRISON et à 200 francs d'amende, après une plaidoirie en sa faveur de M° Crochard.

Voilà l'histoire dans toute sa simplicité. Mais comment voulez-vous que le peuple ait le respect des fonctionnaires quand il voit tous les jours ceux-ci commettre des fraudes, des vols, des injustices envers le public?

Comment voulez-vous que les simples agents soient impartiaux dans leurs relations avec le public quand ils voient tous les jours commettre un tas d'injustices et d'infamies?

La police parisienne, comme la magistrature, est un joli tas d'immondices.

CONCLUSION

Nous clorons ici la liste des infamies commises par
les magistrats. Nous allons fermer la porte du musée
des horreurs ; ce n'est pas que nous ayons épuisé la
nomenclature ; il y a bien d'autres victimes, mais nous
avons pris au hasard quelques faits établissant que,
de toutes façons, quelle que soit l'affaire, quelque importance qu'ait le procès, au civil comme au criminel,
les magistrats ne jugent, ni avec les lois, ni avec
leur conscience, mais selon leur bon plaisir et leurs
intérêts.

Nous les avons vus à travers les pages de ce livre,
protéger les puissants, torturant, écrasant les faibles,
tour à tour au service du gouvernement ou des financiers.

Nous les avons vus dans l'affaire Borras, s'acharner
après un innocent, même quand l'opinion publique
tout entière proteste contre eux.

Nous les avons vus, pour ne pas poursuivre des voleurs, insinuer qu'une fille qui demandait justice et
protection, ne pouvait hériter des biens de son père,
puisqu'elle l'avait accusé d'avoir versé le poison à sa
mère.

Nous les avons vus dans l'affaire de Panama, mettre
tout en œuvre pour protéger les filous qui avaient enlevé un milliard huit cents millions à l'épargne française.

Nous avons constaté dans l'affaire Hugelmann, que

les magistrats solidarisaient leurs intérêts avec une bande de rastaquouères et de filles, qu'ils refusaient de donner suite à des plaintes visant un notaire, un avoué, un syndic de faillites et une femme galante.

Nos magistrats ont voulu être galants avec les dames, et pour éviter de découvrir de sales affaires, on a fait le silence, on a étouffé les réclamations des créanciers.

Et c'est M. Saulnier qui a été condamné à la prison pour avoir dénoncé les tripoteurs. Notre magistrature est absolument fin de siècle.

Enfin, nous avons fait cette navrante constatation que les lois étaient violées, il est vrai qu'elles sont faites pour cela ; — mais que du haut en bas de l'échelle, depuis le commissaire de police qui se fait payer pour ne pas inquiéter les filous, jusqu'aux plus hauts fonctionnaires de la magistrature, tous les hommes investis d'une charge publique sont accessibles aux pots-de-vin et à la corruption.

Shakespeare fait dire à Hamlet : « Il y a quelque chose de pourri dans le royaume de Danemark ». Nous avons aujourd'hui la conviction absolue qu'il y a au flanc de la société un chancre qui le ronge et gagne peu à peu le corps social tout entier.

La pourriture monte et bientôt va nous submerger, si nous n'y prenons garde.

Nous croyons à la nécessité d'une démolition ; d'autres croient à la possibilité d'une réforme ; après avoir donné notre opinion, nous donnons la leur (1). Chacun

(1) Voir une interwiew de M. Saulnier aux Annexes, lettre I.

de ceux qui ont assez de toutes les injustices de la magistrature, portera son concours où il le croira utile.

Et il n'y a pas à dire que les infamies commises par certains magistrats sont des curiosités monstrueuses. Dans chaque homme de robe il y a l'étoffe d'un Toutée. Oui, il y a des exceptions, oui, il y en a d'honnêtes, oui, nous comptons dans le monde judiciaire, de bons, d'excellents amis.

Oui, il y en a qui préféreraient ne jamais mettre les pieds au Palais de justice, plutôt que de se rendre complices d'une coquinerie; mais ce sont des exceptions à la règle générale, et l'honnêteté de ceux-là ne peut que faire ressortir l'infamie des autres.

En écrivant ce livre, nous croyons avoir fait une œuvre utile à nos contemporains, en appelant leur attention sur les atrocités commises sous la protection des lois par une bande d'individus, sans scrupule, sans dignité, sans conscience.

Nous voudrions que la conscience publique se soulève enfin contre ce qui se passe.

Nous voudrions que la réprobation s'attache aux pas des magistrats concussionnaires et prévaricateurs; que dans la rue le peuple les désigne du doigt : — Voilà un juge vénal !

Nous voudrions enfin — et c'est notre plus cher désir, — que tous ceux qui ont souffert par les magistrats, que tous ceux qui ont été victimes de la justice, que tous ceux qui s'indignent à la pensée des infamies commises, s'unissent pour les faire cesser ou pour les réprimer.

Puisqu'il est impossible d'empêcher la prostitution

de la magistrature, puisque nous ne pouvons guérir par des émollients le membre gangrené, nous le couperons pour le plus grand bien du corps malade.

Quand nous aurons écrasé le nid de vipères qui est l'organisation judiciaire actuelle, nous aurons au moins la certitude de n'être plus mordus.

ANNEXES

Par divers documents que j'ai entre les mains, j'ai constaté
que vous aviez fait divers travaux juridiques en faveur des
actionnaires et obligataires du Panama.

Je prépare un volume ayant trait aux diverses infamies
judiciaires commises dans ces dernières années.

Vous seriez bien aimable de me donner, comme appendice
à l'affaire du Panama, à laquelle je veux consacrer une large
place dans mon livre, une consultation juridique, indiquant
comment les lois ont été violées par ceux qui avaient pour
mission de les faire respecter, et comment les pouvoirs politique et judiciaire se sont rendus complices du vol commis
par les financiers envers les actionnaires et obligataires du
Panama.

Je vous prie d'agréer, avec mes remerciements anticipés,
l'assurance de ma considération.

E. Odin.

Paris, le 10 août 1891.

Mon cher Monsieur Odin,

Je me suis, en effet, beaucoup occupé du Panama ; j'ai fait
un grand nombre de travaux juridiques, et j'avais préparé
un travail considérable pour faire connaître la vérité sur le
Panama et dans quelles conditions les lois avaient été violées. Je le soumis à une réunion qui eut lieu au Grand
Orient, le 27 octobre 1889 ; et ce qui m'empêcha de réussir,
ce furent, outre les manœuvres des administrateurs et fondateurs du Panama, les infamies et les détournements
commis par Hugelmann et Loubaresse, mes co-directeurs,
au préjudice de plusieurs porteurs de titres, en juin et
juillet 1889, pendant que j'étais exclusivement occupé à

soutenir devant les tribunaux les droits et intérêts de tous les porteurs de titres, y compris ceux auxquels Hugelmann et Loubaresse ont escroqué pour 50,000 fr, de titres.

Aussitôt votre lettre reçue, je vous ai dressé le travail que vous me demandez et que, pour plus de clarté, j'ai divisé en dix parties.

Vous l'examinerez et vous le mettrez à la suite de votre livre, si vous pensez qu'il peut rendre des services aux 850,000 porteurs de titres du Panama.

Si vous avez besoin d'autres travaux, dans cette affaire ou dans d'autres, je me tiens à votre disposition.

Bien cordialement à vous.

E. LESAULNIER.

A

PREMIÈRE PARTIE

LA SOCIÉTÉ DE PANAMA A ÉTÉ CRÉÉE ET CONSTITUÉE, COMME SOCIÉTÉ COMMERCIALE : ELLE NE POUVAIT ÊTRE, SOIT PAR L'INTENTION DES PARTIES, SOIT D'APRÈS LA LOI, QU'UNE SOCIÉTÉ COMMERCIALE. — LES DÉCISIONS DES TRIBUNAUX QUI, EN 1889, ONT FAIT DE LA COMPAGNIE DE PANAMA UNE SOCIÉTÉ CIVILE ONT ÉTÉ RENDUES EN VIOLATION DE NOS LOIS. — CE QU'ELLES CONSTITUENT.

C'est ce qui va nous être facile de démontrer.

Le gouvernement des Etats-Unis et de Colombie avait été autorisé par une loi du 18 mai 1878 (loi n° 28 de 1878) à céder à la Société civile internationale du canal interocéanique dont le siège était en Colombie, une certaine étendue de terrains pour la construction d'un canal reliant l'Atlantique au Pacifique.

Cette concession fut réalisée depuis au profit d'une Société civile.

M. Ferdinand de Lesseps, qui avait fait le canal de Suez, se mit en rapport avec cette Société civile et devint cessionnaire de ses droits formels sous certaines conditions indiquées aux statuts de la Compagnie universelle du canal interocéanique de Panama (constituée ultérieurement).

Les statuts de cette seconde Société (anonyme) furent dressés par M. Ferdinand de Lesseps, suivant acte passé devant M⁰ Champetier de Ribes, notaire à Paris, le 20 octobre 1880 ; un extrait en fut publié dans le journal la *Gazette des Tribunaux* du 23 mars 1881.

Le dépôt des actes passés, prescrit par la loi, avait été fait au greffe du tribunal de commerce de la Seine et au greffe de la justice de paix du huitième arrondissement de Paris, le 21 mars 1881.

La Société de Panama a été créée et constituée comme Société commerciale et tous les actes de la Compagnie, actifs et passifs qu'elle a faits depuis sa création jusqu'à la fin de décembre 1888, ont été considérés comme des actes de commerce.

De plus, le tribunal de commerce de la Seine, seul, a toujours été saisi et reconnu compétent pour tous les différends que la Compagnie a eus, soit comme demanderesse, soit comme défenderesse, et toutes les juridictions : tribunal de commerce, cour d'appel et cour de cassation, ont toujours été reconnues et se sont toujours considérées seules compétentes.

Donc un fait matériel existe : La Compagnie de Panama a toujours été considérée par tout le monde : parties, actionnaires, obligataires, débiteurs, créanciers et autres, ainsi que par tous les juges, comme une société commerciale.

La Compagnie a cessé ses paiements au mois de décembre 1888.

Les administrateurs, d'accord avec les magistrats, le Pouvoir exécutif, le Pouvoir législatif et les privilégiés résolurent de faire de la Compagnie de Panama une Société civile.

Deux administrateurs, MM. Cottu et de Montdésir, assignèrent M. de Lesseps devant le tribunal civil de la Seine, pour faire prononcer la dissolution de la Société et nommer un liquidateur.

Cette demande était formée d'accord avec M. de Lesseps, qui ne se fit pas défendre ni représenter ; il avait cependant pour devoir et obligation de demander l'incompétence du tribunal, s'il n'eût pas voulu faire croire à une comédie judiciaire.

L'affaire vint devant le tribunal civil ; M. Boulloche, substitut, conclut à la compétence du tribunal et conséquemment au caractère civile de la Société, puis le tribunal rendit, le 4 février 1889, un jugement prononçant la dissolution de la Compagnie du Panama et ordonnant sa liquidation, puis nommant M. Brunet liquidateur.

Les principaux motifs de ce jugement sont ainsi conçus :

Le tribunal,

Attendu que le caractère civil ou commercial d'une société se reconnaît, non point à la forme particulière dont elle est revêtue, mais à la nature de l'entreprise qui en constitue l'objet principal ; qu'il importe donc peu que la Compagnie du canal interocéanique du Panama soit une Société anonyme, cette circonstance ne suffisant pas à lui imprimer un caractère commercial ;

Attendu, quant à son objet, que, suivant l'article 2 de ses statuts, il comprend la construction d'un canal maritime de grande navigation entre l'Océan Atlantique et l'Océan Pacifique, à travers la partie de l'isthme américain dépendant des États-Unis de Colombie ainsi que l'exploitation dudit canal et des entreprises diverses qui s'y rattachent ; qu'en réalité, la Société est établie pour l'exploitation du canal et en vue des bénéfices qu'elle peut procurer et que la construction même n'est pas le but prédominant de l'entreprise, mais seulement le moyen nécessaire pour la réaliser ;

Que l'exploitation ne peut être davantage assimilée à une industrie de transports, la Société se bornant à ouvrir une voie nouvelle à la navigation, moyennant des redevances déterminées ;

Attendu, dès lors, que la Compagnie a pour effet principal la mise en valeur d'une chose immobilière dans des conditions où l'État de Colombie aurait pu l'exploiter lui-même, s'il ne l'avait concédé à des tiers ; qu'elle est donc purement civile, et qu'à ce titre, sa durée étant d'ailleurs limitée, chacun des associés est autorisé à en demander la dissolution, conformément à l'article 1871 du Code civil.

Ceci dit, examinons les points qui nous sont soumis :

Et pour plus de clarté, nous allons procéder par ordre :

1. — *La Compagnie de Panama, d'après la loi, ne peut être qu'une Société commerciale.*

Nous l'avons indiqué ci-dessus, les statuts de la Compagnie furent déposés à M° Champetier de Ribes, le 20 octobre 1880.

L'article premier de ces statuts dit qu'il est formé entre M. Ferdinand de Lesseps, les attributaires et les souscripteurs des actions créées une Société anonyme, sous la dénomination de : Compagnie universelle du canal Interocéanique de Panama.

L'art. 2 stipule que la Société a pour objet :

« 1° La construction d'un canal maritime de grande navi-
« gation entre les océans Atlantique et Pacifique, à travers
« la partie de l'isthme américain dépendant des Etats-Unis
« de Colombie;

« 2° L'exploitation dudit canal et des entreprises diverses
« qui s'y rattachent;

« 3° La construction ou l'exploitation de toutes lignes de
« chemins de fer que la Société croirait, pour le bien de
« l'entreprise, devoir construire ou acheter dans les pa-
« rages du canal ;

« 4° L'exploitation des terrains concédés et des mines y
« contenues. »

Le tout aux clauses et conditions de la concession, telle
qu'elle résulte de la loi du congrès des États-Unis de Colombie, en date du 18 mai 1878. (Loi 28 de 1878.)

Dans l'art. 4, il est stipulé que la Société commencerait à
compter du jour de sa constitution définitive et que sa durée serait égale à celle de la concession, c'est-à-dire de 99 ans,
à compter du jour où le canal serait ouvert en tout ou partie, au service public, ou quand la Société concessionnaire
commencerait à percevoir les droits de transit et de navigation.

D'après la loi, il s'agit de savoir si cette Société a bien le
caractère commercial qu'on lui a donné et entendu lui
donner.

Or, les art. 632 et 633 du Code de commerce précisent ce
que la loi répute actes de commerce.

Nous n'indiquerons ici que ce qui a rapport à la navigation, aux affaires maritimes et aux transports par terre et
par eau.

L'art. 632 dit : La loi répute actes de commerce :

*Toute entreprise de manufacture, de commission, de trans-
port par terre ou par eau.*

L'art. 633 dit que la loi répute pareillement actes de
commerce :

*1° Toute entreprise de construction et tous achats, ventes et
reventes de bâtiments pour la navigation intérieure et extérieure.*

2° Toutes expéditions maritimes.

Examinons maintenant, séparément d'abord, chaque opération de la Société.

1° La première opération, d'après les statuts, est la construction du canal. C'est en effet par là que l'on devait commencer.

Cette opération est une entreprise de construction pour la
navigation extérieure, puisqu'elle doit opérer hors de France.
Donc cette première opération était et est un acte de commerce, conformément à l'art. 633, n° 1 ci-dessus, puisque
l'entreprise de construction du canal de Panama est faite
pour la navigation.

Le législateur, il ne faut pas l'oublier, quand il a parlé de
construction, a étendu ce mot à toute espèce de construction
pour la navigation, et non pas seulement à la construction
de bâtiments pour la navigation.

Par suite, la Compagnie universelle du Canal interocéanique de Panama (anonyme) avait un caractère commercial
indéniable.

2° La deuxième opération, quoiqu'elle dût être la dernière
en fait, est, d'après les statuts, l'exploitation du Canal et des
entreprises diverses qui s'y rattachent.

Pour que cette opération puisse se faire, il faut, bien entendu, que la première soit terminée.

De plus, celle-ci n'est que la suite et la conséquence de
la première et, par suite, du moment où la première a un
caractère de commercialité, la seconde a forcément le même
caractère.

Nous allons plus loin, nous soutenons que cette opération,
c'est-à-dire l'exploitation du canal et des entreprises diverses qui s'y rattachent, prise isolément, constitue un acte
de commerce, soit d'après l'art. 632 paragraphe ci-dessus
ainsi conçu : *Toute entreprise de transport par terre et par
eau ;* soit d'après l'art. 633, paragraphe ainsi conçu : *Toutes
expéditions maritimes.*

Il est possible que la Compagnie ne transporte pas elle-même, mais elle a fait une entreprise qui permettra le transport par eau, et cette entreprise doit être considérée, dans tous les cas, comme une opération ou expédition maritime ; car, d'après les statuts, la société percevra (art. 4) des *Droits de transit et de navigation*.

Donc, d'après la loi, articles 632 et 633, la deuxième opération de la Société, prise isolément, constitue un acte de commerce, et par suite la Société « la Compagnie universelle du Canal interocéanique » aurait le caractère commercial, en admettant même qu'elle n'eût eu que cette opération pour objet.

3° La troisième opération devait consister dans la construction ou l'exploitation de toutes lignes de chemins de fer que la Société croirait, pour le bien de l'entreprise, disent les statuts, devoir construire ou acheter dans les parages du Canal.

Cette opération n'étant que la suite et la conséquence de la première opération commerciale, il n'y a pas à s'occuper si elle est ou non commerciale ; du moment, en effet, que la première opération, qui est la principale entreprise, est commerciale, toutes les autres le sont forcément, et ne peuvent pas enlever à la Société son véritable caractère commercial.

C'est ce qui résulte, d'ailleurs, de la loi et d'un arrêt de cassation du 26 janvier 1883 (D. P. 83. 1. 314-316) qui proclame qu'en droit, lors même que l'obligation n'a pas, par sa nature propre, un caractère commercial, il suffit qu'elle se rattache à un commerce et en soit l'accessoire, pour qu'elle affecte le caractère commercial et que les constatations y relatives soient de la compétence du tribunal de commerce.

D'ailleurs, la Compagnie universelle du Canal interocéanique a fait l'acquisition d'une ligne de chemin de fer, tant pour ses besoins que pour le transport des voyageurs et des marchandises.

De sorte que ce chemin de fer est bien là un acte commercial rentrant dans la disposition précise de l'article 632 qui stipule que la loi répute acte de commerce : *Toute entreprise de transport par terre*.

4° La quatrième opération de la Société devait consister dans l'exploitation des terrains concédés, y compris les mines de toutes sortes qu'on pouvait y rencontrer.

Nous soutenons toujours, comme pour la troisième opération, que cette quatrième opération, se rattachant à la principale entreprise qui a un caractère commercial, est aussi commerciale, bien que, prise isolément, elle ne dût pas avoir ce caractère.

En résumé, il résulte de tout ce qui précède que, d'après nos lois, la Compagnie de Panama ne pouvait être qu'une Société commerciale, et qu'aucun doute ne peut exister à cet égard.

II. — *La Société de Panama, de par la volonté des parties, ayant été constituée comme Société commerciale, doit rester Société de cette nature.*

La Société anonyme du Panama est incontestablement, de par sa nature et son objet, en fait et en droit, une Société commerciale.

En admettant même qu'il y eût un doute sur les opérations entreprises par la Société, et sur le caractère plus ou moins commercial de ces opérations, nous soutenons que l'intention formelle, manifestée par les associés et acceptée par toutes les parties contractantes, de faire une Société commerciale, suffit pour qu'elle doive être considérée comme telle.

C'est l'opinion de Dalloz qui, *Jurisprudence Générale*, tome 40 : *Sociétés*, pages 426 et 427, nᵒˢ 238 et 240, s'exprime ainsi :

238. — Ce n'est pas toutefois que la volonté des parties ne puisse exercer aucune influence sur le caractère de la Société. Sans doute, lorsque l'objet pour lequel la Société est formée, est commercial, la Société ne peut être que commerciale et il ne serait pas au pouvoir des parties de lui imprimer le caractère de Société civile ; mais la réciproque n'est pas absolument vraie, les parties peuvent, par leur volonté, commercialiser une entreprise qui, par elle-même, avait le caractère civil, pourvu toutefois que la nature de l'opération ne répugne pas à cette transformation. Ainsi, en règle générale, un propriétaire, qui vend les produits de son fonds, ne fait pas un acte de commerce; cela résulte d'une disposition spéciale du Code de commerce (art. 638); cependant on ne peut dénier à un propriétaire de vignobles, par exemple, la faculté de se constituer commerçant, si telle est sa volonté, afin d'ouvrir à ses produits de plus vastes débouchés, et de rendre ainsi plus fructueuse l'exploitation de sa chose; on ne peut même contester à un propriétaire de bois la faculté d'exploiter commercialement ses coupes. Dans ces cas, en effet, le propriétaire ne fait que renoncer à un privilège, établi dans son intérêt; il abdique une qualité que la loi lui permettait de conserver, pour en prendre une autre qui lui impose des obligations plus rigoureuses, qui peut entraîner pour lui de graves conséquences (par exemple la faillite, la contrainte par corps) et *qui par cela même présente aux tiers avec qui il traite, de plus amples garanties.* Or, ce qu'un particulier peut faire, une Société doit pouvoir le faire également. Si donc une association se formait entre des propriétaires de vignobles, de bois ou d'autres immeubles, pour l'exploitation en commun de ces immeubles, les associés pourraient à leur gré se constituer soit en Société civile, soit en Société commerciale. C'est le sentiment de MM. Troplong, nᵒˢ 320 et 321 ; Bedarride, nᵒ 99; Delangle, nᵒ 36, page 41.

240. — Dans le cas où la nature des opérations permet d'imprimer à l'association le caractère commercial, il est nécessaire que la volonté des parties, à cet égard, soit bien certaine. Plus les conséquences d'une telle détermination peuvent

être graves, moins il conviendrait de la supposer légère-
ment et sans motifs suffisants. Nous n'irons pas jusqu'à dire
cependant qu'une déclaration expresse soit nécessaire; nous
admettons que la volonté des parties peut s'induire des circonstances; mais il faut, du moins, qu'elle en ressorte avec
une évidence qui rende le doute impossible. On n'admettra,
disons-nous avec M. Troplong (nº 331), que des faits graves,
précis, concordants. Les stipulations de l'acte de Société, leur
application à imposer aux associés, certaines obligations par-
ticulières dans les associations commerciales, *la publication et
l'enregistrement dans les tribunaux de commerce*, et opérations
diverses qui se lient à l'exploitation et qui revêtent un caractère commercial, tout cela sera pris en considération, et
pourra conduire à ce résultat logique que les parties ont
entendu se soumettre à toutes les conséquences de la commercialité.

La Société de Panama a été constituée et publiée comme
Société commerciale. Elle a été acceptée par toutes les parties contractantes, actionnaires et obligataires, comme Société
commerciale et les bailleurs de fonds, actionnaires ou obligataires, qui ont versé un milliard huit cents millions, ne les
ont versés que parce qu'ils savaient traiter avec une Société
commerciale légalement constituée comme Société commerciale.

Il est certain, en effet, que les actionnaires et obligataires
ont su que la Société de Panama avait été constituée dans
les termes et conditions de la loi du 24 juillet 1867 et comme
cette loi ne s'applique et ne peut s'appliquer qu'aux sociétés
commerciales, ils savaient donc que la Société constituée ne
pouvait être qu'une Société commerciale et jamais une Société civile.

Nous venons de dire que la loi de 1867 ne s'applique
qu'aux sociétés commerciales, nous allons le démontrer facilement.

Il suffit pour s'en convaincre de lire dans Rousseau sur

les Sociétés, tome premier, page 665, ce qui suit sur lequel nous appelons l'attention du lecteur.

M. Rousseau s'exprime ainsi, nᵒˢ 1645 et 1646 :

1645. La raison de décider résulte d'un incident qui s'est produit au cours de la discussion au Corps législatif. M. Seydoux et sept autres députés avaient proposé un article additionnel ainsi conçu :

Les dispositions qui précèdent sont applicables aux Sociétés civiles, charbonnières et autres, qui se constitueraient dorénavant, soit sous la forme de Sociétés en commandite par actions, soit sous la forme des Sociétés anonymes.

Les Sociétés civiles actuellement existantes sous l'une ou l'autre de ces formes, seront tenues de se conformer auxdites dispositions dans le délai de six mois, à partir de la promulgation de la présente loi, sous peine de tous dommages et intérêts pour les administrateurs ou gérants envers les parties intéressées.

1646. La commission ne prit pas cet amendement en considération. M. Mathieu en développe largement les raisons dans le premier rapport supplémentaire déposé le 21 mai 1867, mais le motif principal du rejet de l'amendement fut la promesse faite par les commissaires du gouvernement, qu'un projet de loi sur les Sociétés civiles serait mis à l'étude et présenté dans le plus bref délai. De cet incident, il faut donc conclure que la loi de 1867 n'est pas applicable aux Sociétés civiles. C'est ce qu'a jugé la Cour de cassation, par arrêt du 28 novembre 1873. (S. 75. 1. 281.)

Nous allons beaucoup plus loin et nous disons :

Du moment que la Compagnie de Panama a été constituée comme une société commerciale, qu'elle a toujours été considérée comme telle par toutes les parties contractantes et même par tous les tribunaux, il y a eu contrat conventionnel et même contrat judiciaire entre toutes les parties contractantes à cet égard, lors même qu'il y aurait eu doute

13.

dans le principe sur le caractère commercial de la Société,
ce qui pour nous n'existe pas.

Nous ajoutons alors que du moment où toutes les parties
ont entendu la créer et la constituer comme Société ayant
le caractère et les conséquences commerciales, que du moment où il y a eu contrat conventionnel et même contrat
judiciaire en ce sens, il n'appartient pas aux tribunaux de
rompre ces contrats sans le consentement mutuel de toutes
les parties contractantes.

De sorte que nous soutenons que les décisions qui ont été
rendues et qui ont donné le caractère civil à la Compagnie de Panama sont illégales et ne peuvent pas être op-
posées aux actionnaires et aux obligataires; que ceux-ci
ont droit de faire tierce-opposition aux jugements et arrêts rendus, et que ces décisions devront être rapportées.

En résumé, nous venons de démontrer jusqu'à l'évidence,
en fait comme en droit, que la Société de Panama, lors
même que son objet n'eût pas à proprement parler le caractère commercial, ce qui n'est pas possible, ne pourrait être
qu'une Société commerciale.

Au moment de terminer le présent paragraphe, nous trouvons un arrêt de la cour de cassation du 30 janvier 1884
(D. P. 84. 1. 320-321).

Cet arrêt est ainsi conçu :

La Cour, — Sur le premier moyen — (sans intérêt). Sur le
deuxième moyen tiré de la fausse application des articles
1er, 437, 632 et 633 du C. com. :

Attendu que, par une appréciation souveraine des faits et
documents de la cause l'arrêt attaqué (Aix, 14 juin 1882) déclare que si, d'après ses statuts, la Société paraît avoir eu
pour objet d'exploiter les immeubles sur lesquels des vi-
gnes seraient plantées, son but vrai n'était autre que de faire
une spéculation fondée sur l'émission des titres, sans souci
aucun du but apparent pour lequel cette émission avait lieu;

Que par suite, en décidant que la Société n'avait pas un caractère civil, mais commercial et pouvait être déclarée en faillite, l'arrêt n'a pas faussement appliqué les articles du Code de commerce précités ;

Par ces motifs, rejette (Société foncière des vignobles de France et d'Algérie C. Lavaudet et consorts).

A la suite de cet arrêt Dalloz a publié une note dont voici le texte :

La Société commerciale, dit Dalloz, est celle qui a pour objet des opérations de commerce (Voir notre Code civil annoté, art. 1832, n°s 38 et suiv.). Une société établie pour un but civil, comme l'exploitation d'une mine, ne cesse pas d'être civile, bien qu'elle soit constituée sous la forme anonyme (Voir notre Code de commerce annoté, art. 632, n° 610) ou par cela seul que son capital est divisé en actions au porteur (Voir ibid... n°s 611 et suiv.); mais lorsque, sous une apparence civile, elle a uniquement pour objet l'achat et la revente de ses actions, c'est-à-dire la spéculation à laquelle donne lieu l'émission de ses titres, elle devient commerciale, parce qu'alors elle se livre uniquement à des opérations commerciales, l'acte de commerce consistant en un achat fait avec l'intention de revendre avec bénéfice, lorsque cet achat a pour objet des marchandises. (Voir notre Code de commerce annoté, art. 632, n°s 41 et suivants, 56, 63 et suiv., 180 et suiv., 194 et suiv.)

Nous nous expliquons difficilement, en présence de l'arrêt de cassation du 30 janvier 1884, l'arrêt de la Cour de Paris dans l'affaire de Panama en date du 8 mars 1889, qui se trouve dans Dalloz (D. P. 90-2. 233-237), dans lequel on lit les motifs suivants :

La Cour, — Statuant tant sur l'appel interjeté par le liquidateur de la Compagnie Universelle du canal interocéanique de Panama contre la Société des travaux publics et constructions, que sur l'intervention de M. Menier-Méhut, considérant que, par jugement du 18 février 1889, le tribunal de commerce de la Seine s'est déclaré compétent pour connaître de la demande formée par la Société des travaux publics contre la Compagnie de Panama, et a décidé que cette dernière Société était commerciale; qu'un jugement antérieur du tribunal civil a attribué, au contraire, à cette Société le caractère civil, considérant que le caractère civil ou commercial d'une Société dépend exclusivement de l'objet de la Société et non de la forme particulière qu'il a plu aux parties de lui donner; qu'il en est ainsi alors même que les parties ont employé une forme qui, comme celle de la Société anonyme, est plus spécialement affectée aux Sociétés de commerce; que la division du capital social en actions et les emprunts par voie d'obligations ne constituent pas un mode d'appel au crédit exclusivement réservé aux Sociétés de commerce et qui ne puisse être employé qu'à la charge par les intéressés de se soumettre à la juridiction commerciale; qu'il y a lieu de rechercher l'objet et par suite de préciser le caractère légal de la Société anonyme interocéanique du Panama.

Il est certain pour tout le monde que les fondateurs et administrateurs de la Compagnie de Panama n'ont eu pour but, en créant la Société de 1880 qui n'a été que commerciale, de spéculer sur l'émission des titres de parts de fondateurs, d'actions et d'obligations et que ce but a été atteint, puisque, à l'aide de tous moyens et manœuvres, spéculations de Bourse et autres, les administrateurs et fondateurs ont enlevé à l'épargne française 1 milliard 800 millions.

Cette spéculation seule eût dû obliger le tribunal civil de la Seine, et la Cour de Paris surtout, de décider en présence de l'arrêt de la Cour de cassation du 30 janvier 1884, que la Société de Panama qui avait été créée comme Société commerciale n'était et ne pouvait être qu'une Société commerciale, puisque son but vrai n'avait été autre que de faire une spéculation fondée sur l'émission des titres, sans souci aucun du but apparent pour lequel cette émission avait eu lieu et alors que l'émission des parts des fondateurs principalement avait produit l'énorme somme de 450 millions.

Si ,la Cour de Paris n'eût pas voulu violer les lois, si elle n'eût pas voulu juger par faveur pour le Grand Français et pour les autres administrateurs et fondateurs, elle n'eût certes pas rendu l'arrêt du 8 mars 1889 dans les termes qu'elle l'a rendu ; elle aurait décidé au contraire que la Société de Panama était commerciale et ne pouvait être que commerciale.

III. — *Les décisions des tribunaux qui ont fait de la Compagnie de Panama une Société civile ont été rendues en violation de nos lois. Ce qu'elles constituent.*

Nous avons indiqué plus haut, au commencement de la présente première partie, les motifs du jugement du 4 février 1889.

Le tribunal, comme on l'a vu, a constaté que l'objet principal de l'entreprise n'était pas la construction du canal, mais seulement son exploitation ; il a compris sans doute, que s'il constatait que la construction était le principal objet, il était forcé de se déclarer incompétent.

Et cependant l'exploitation du canal constitue bien un acte de commerce puisqu'elle a pour but le transport par eau (Art. 632 du Code de commerce).

Nous avons été surpris de trouver dans le jugement de pareils motifs.

En effet, depuis l'origine de la Société que s'est-il passé en fait ? A quoi ont été employés les 1.500 millions de francs ?

D'abord jusqu'à présent on ne s'est occupé que de la construction du canal maritime, qui est la principale entreprise, nous dirons même la seule, puisqu'elle a été faite pour permettre le transport par eau de navires et bâtiments, et en réalité les 1500 millions versés par les porteurs de titres, n'ont servi qu'à cette entreprise de construction.

Le tribunal a omis de constater ces faits vrais et certainement, s'il les avait insérés dans son jugement, il eût été obligé de décider que la Société était commerciale. Est-ce pour cela qu'il n'a pas fait cette constatation? Nous le craignons.

Maintenant l'exploitation du canal aura-t-elle même jamais lieu? C'est ce que l'avenir nous apprendra, mais il n'est pas présumable, en présence de ce qui s'est passé, de ce qui se passe, que les malheureux porteurs de titres profitent jamais de l'exploitation.

Il est certain, ainsi que nous l'avons démontré sous les deux paragraphes qui précèdent, que la Société de Panama ne pouvait être qu'une Société commerciale et que les tribunaux, en décidant que c'est une Société civile, ont violé toutes nos lois et les contrats conventionnels et judiciaires et par suite rendu des décisions qui devront être rapportées en y formant tierce-opposition.

Ces décisions ainsi rendues constituent de la part des juges un excès de pouvoir en exerçant le pouvoir législatif, ou tout au moins ces décisions ont été rendues par faveur pour le grand Français, M. de Lesseps, et les autres administrateurs.

Dans tous les cas, ces décisions tombent sous l'application des art. 10, 11 et 12 de la loi des 16 et 24 août et de l'art. 183 du Code pénal ainsi conçus :

10. — Les tribunaux ne pourront prendre, directement ou indirectement, aucune part à l'exercice du pouvoir législatif, ni empêcher ou suspendre l'exécution des décrets du Corps législatif, sanctionnés par le roi à peine de forfaiture.

11. — Ils seront tenus de faire transcrire purement et simplement, dans un registre particulier, et de publier dans la huitaine, les lois qui leur seront envoyées.

12. — Ils ne pourront point faire de règlements, *mais ils s'adresseront au Corps législatif*, toutes les fois qu'ils croiront

nécessaire, *soit d'interpréter* une loi, *soit d'en faire une nouvelle.*

183. — Tout juge ou administrateur qui se sera décidé par faveur pour une partie ou par inimitié contre elle sera coupable de forfaiture et puni de la dégradation civique.

Nous n'en dirons pas davantage sur ces décisions incroyables et inexplicables.

DEUXIÈME PARTIE

LA SOCIÉTÉ DE PANAMA ÉTANT COMMERCIALE, AYANT ÉTÉ CONSTITUÉE A L'AIDE DE VOL, DE FRAUDE ET EN PUBLIANT DE MAUVAISE FOI DES FAITS FAUX EST NULLE ET DOIT ÊTRE ANNULÉE.— IL DOIT EN ÊTRE AINSI DE TOUTES LES ÉMISSIONS FAITES.

Aucun doute ne peut exister à cet égard ; ce n'est qu'avec la publication de faits faux et à l'aide de dol et de fraude, que la Société de Panama a été constituée et que les émissions ont été souscrites.

De sorte qu'il y a lieu de faire contre les administrateurs et les fondateurs l'application des articles 15 de la loi du 24 juillet 1867 et 405 du Code pénal, mais d'abord de prononcer la nullité de la Société de Panama qui, conformément à la loi du 24 juillet 1867, se trouve nulle.

Le capital de la Société était de trois cents millions de francs. La Société ne pouvait pas créer des obligations pour un chiffre supérieur à son capital, et cependant elle en avait créé pour plus d'un milliard avant la loi du 8 juin 1888.

Lors de la discussion de cette loi, M. Barré, député, s'exprime ainsi, le 27 avril 1888. (Voir *Journal officiel* du 28 avril, page 1373.)

Vous savez tous, messieurs, qu'une société anonyme ne peut créer des obligations que jusqu'à concurrence du montant de son capital.

Cela est si vrai, que, dans une société anonyme, lorsqu'on veut créer des obligations pour un chiffre supérieur au capital, il faut d'abord commencer par augmenter le capital.

Malgré ces sages observations, la Chambre n'autorisa pas moins la Compagnie de Panama à emprunter six cents millions ; ce qui constitue une illégalité flagrante.

Mais nous n'avons indiqué ce fait grave ici, que pour démontrer que la Société de Panama doit être annulée pour plusieurs motifs.

TROISIÉME PARTIE

LA SOCIÉTÉ DE PANAMA ÉTANT DEVENUE, EN VIOLATION DES LOIS ET PAR LA VOLONTÉ DE LA MAGISTRATURE, UNE SOCIÉTÉ CIVILE, LES ADMINISTRATEURS ET LES FONDATEURS N'ONT PAS ENCOURU DE RESPONSABILITÉS PÉCUNIAIRES ET PÉNALES.

Cela résulte de la loi du 24 juillet 1867 elle-même qui ne s'applique qu'aux sociétés commerciales et de la discussion qui eut lieu aux Chambres (voir première partie ci-dessus, ouvrage de M. Rousseau).

QUATRIÈME PARTIE

DONC, LA SOCIÉTÉ DE PANAMA FAUSSEMENT DÉCLARÉE SOCIÉTÉ CIVILE, LES ACTIONNAIRES SONT RESPONSABLES DE TOUT LE PASSIF SOCIAL.

Les art. 1863 et 1864 du Code civil sont formels :

1863. — Les associés sont tenus envers le créancier avec lequel ils ont contracté chacun pour une somme et part égales, encore que la part de l'un d'eux dans la Société fût moindre, si l'acte n'a pas spécialement restreint l'obligation de celui-ci sur le pied de cette dernière part.

1861. — La stipulation que l'obligation est contractée pour le compte de la Société ne lie que l'associé contractant et non les autres, à moins que ceux-ci ne lui aient donné pouvoir ou que la chose n'ait tourné au profit de la Société.

La Cour de cassation l'a proclamé elle-même plusieurs fois et notamment dans un arrêt du 21 février 1883 (D. P. 83. 1. 217-218-219).

Les principaux motifs de cet arrêt sont ainsi conçus ;

Attendu que d'après l'art. 1863 Code civil, les membres d'une Société civile sont tenus envers le créancier de la Société, chacun pour une somme et part égales; qu'ils ne sauraient s'affranchir de cette obligation en stipulant dans l'acte d'une Société qu'ils ne seraient pas tenus sur leurs biens personnels, des dettes sociales et que le paiement ne pourrait en être poursuivi que sur les biens dépendants de la Société; une telle clause serait non avenue et ne pourrait être opposée aux tiers qui ont le droit de compter sur la responsabilité personnelle des associés établie par la loi.

Il résulte de ce qui précède que les porteurs des 600 mille actions, par le fait d'avoir fait de la Société de Panama, une Société civile, se trouveraient proportionnellement tenus au paiement du passif de la Société qui comprend les obligataires, soit environ 1 milliard.

Il est certain que, si les actionnaires avaient pensé que la Société de Panama était une Société civile, qu'ils n'auraient pas souscrit.

Il est certain enfin qu'en souscrivant, ils ont compris souscrire à une Société commerciale, n'entraînant contre eux, d'après la loi du 24 juillet 1867, aucune responsabilité, autre que celle de la perte de leurs actions.

CINQUIEME PARTIE

DANS CES CONDITIONS, LA SOCIÉTÉ DE PANAMA ÉTANT UNE SOCIÉTÉ COMMERCIALE, PEUT ÊTRE DÉCLARÉE NULLE; LES FONDATEURS ET ADMINISTRATEURS DOIVENT ÊTRE DÉCLARÉS EN FAILLITE ET DES POURSUITES EN BANQUEROUTE FRAUDULEUSE ET AUTRES DOIVENT ÊTRE FAITES ET ATTEINDRE TOUS LES COUPABLES.

La Société de Panama est commerciale et ne peut être que commerciale, nous l'avons démontré première partie.

Elle est entachée de nullité, donc elle doit être annulée; nous l'avons démontré deuxième partie.

La Compagnie de Panama ayant cessé ses paiements et étant en état de faillite depuis longtemps, du moment qu'elle sera annulée, ce seront les administrateurs et fondateurs qui seront mis en faillite.

Ces administrateurs et fondateurs ont détourné et soustrait plusieurs centaines de millions qu'ils ont garés et mis au nom de leurs femmes et de leurs enfants.

La faillite déclarée, des poursuites en banqueroute frauduleuse et en complicité de banqueroute frauduleuse devraient être immédiatement faites. Les administrateurs et fondateurs, leurs femmes, leurs enfants et tous complices devraient être immédiatement poursuivis et punis comme ils le méritent et il devrait être fait contre eux l'application des art. 591, 593 du Code de commerce, 402 et 403 du Code pénal, lesquels sont ainsi conçus :

Art. 591. — Sera déclaré banqueroutier frauduleux et puni des peines portées au Code pénal, tout commerçant failli qui aurait soustrait ses livres, détourné ou dissimulé une partie de son actif, ou qui, soit dans ses écritures, soit par des actes publics ou des engagements sous signature privée, soit par son bilan, se sera frauduleusement reconnu débiteur de sommes qu'il ne devait pas.

Art. 593. — Seront condamnés aux peines de la banqueroute frauduleuse : 1° Les individus convaincus d'avoir, dans l'intérêt du failli, soustrait ou dissimulé tout ou partie de ses biens, meubles ou immeubles, le tout sans préjudice des autres cas prévus par l'art. 60 du Code pénal ;

2° Les individus convaincus d'avoir frauduleusement présenté dans la faillite et affirmé soit en leur nom, soit par interposition de personnes, des créances supposées ;

3° Les individus qui, faisant le commerce sous le nom d'autrui ou sous un nom supposé, se seront rendus coupables de faits prévus en l'art. 594.

Art. 402. — Ceux qui, dans les cas prévus par le Code de commerce, seront déclarés coupables de banqueroute, seront punis ainsi qu'il suit :

Les banqueroutiers frauduleux seront punis de la peine des travaux forcés à temps.

Les banqueroutiers simples seront punis d'un emprisonnement d'un mois au moins et de deux ans au plus.

Art. 403. — Ceux qui, conformément au Code de commerce, seront déclarés complices de banqueroute frauduleuse, seront punis de la même peine que les banqueroutiers frauduleux.

SIXIÈME PARTIE

LES TERMES ET CONDITIONS ESSENTIELS DE LA LOI DU 8 JUIN 1888 N'ONT PAS ÉTÉ SCRUPULEUSEMENT OBSERVÉS. — CE QUE CELA CONSTITUE.

La Compagnie de Panama fut autorisée par la loi du 8 juin 1888 à emprunter par voie d'obligations à lots 600 millions.

Cette loi spéciale et d'exception, dérogative à la loi générale prohibant les loteries du 21 mai 1836, fut publiée dans le *Journal officiel* du 9 juin même année.

Elle est ainsi conçue :

Article premier. — La Compagnie universelle du Canal

interocéanique de Panama est autorisée à faire, jusqu'à concurrence de 600 millions de francs, une émission de titres remboursables avec lots par la voie du sort, aux conditions suivantes :

1° Les titres émis jouiront d'un intérêt annuel dont le taux ne pourra être inférieur à 3 0/0 du capital nominal.

2° La somme totale annuelle attribuée sous forme de lots ne pourra, en aucun cas, excéder 1 0/0 du capital.

3° La valeur nominale des titres émis ne pourra pas être inférieure à trois cents francs. Le fractionnement ultérieur des titres est interdit.

4° Le remboursement de cet emprunt dans un délai maximum de 99 ans et le paiement des lots seront garantis par un dépôt suffisant, avec affectation spéciale, de rentes françaises ou de titres garantis par le Gouvernement français. La Compagnie universelle du Canal interocéanique de Panama, pour répondre à l'obligation qui lui est imposée, est autorisée à augmenter dans les mêmes conditions ledit emprunt de 600 millions, de la somme nécessaire à la constitution de ce fonds de garantie, cette augmentation d'emprunt ne pouvant excéder 20 0/0 de la somme principale.

Art. 2. — Éventuellement, si la Compagnie universelle du Canal interocéanique de Panama convertissait tout ou partie de ses obligations anciennes, les dispositions de l'article premier seraient applicables aux obligations nouvelles, créées en vertu de cette conversion.

Art. 3. — Tout le matériel nécessaire à l'accomplissement des travaux sera fabriqué en France.

Les matières premières devront être de provenance française.

Art. 4. — Tous prospectus, affiches, publications et autres documents destinés à la publicité devront porter, en caractères de même grosseur que ceux employés pour l'annonce de l'emprunt, et au-dessous du montant de l'emprunt la mention :

Emprunt autorisé conformément aux prescriptions de la loi

du 24 mai 1836 par la loi du 8 juin 1888, mais sans aucune garantie de l'Etat.

La même mention sera insérée en tête des titres provisoires ou définitifs remis aux souscripteurs.

Toute infraction à la disposition ci-dessus pourra entraîner le retrait de l'autorisation par simple arrêté du ministre des finances.

La Compagnie de Panama tenta l'émission de 2 000 000 d'obligations; elle obtint seulement la souscription de 850 mille.

Elle tenta de nouveau l'émission des 1150 mille autres; n'ayant pas pu obtenir la souscription de la totalité, la Compagnie rendit les fonds.

La Société de Panama cessa ses paiements au mois de décembre 1888 sans avoir satisfait à aucune de ses obligations.

Les administrateurs de cette société et ceux d'une société civile qui avait été constituée par acte devant Mᵉ Champetier de Ribes, notaire à Paris, le 14 juin 1888, étaient sortis des termes et conditions essentiels de l'autorisation accordée par la loi du 8 juin, notamment :

1° En ne payant pas d'intérêts, ce que la Compagnie et les Administrateurs savaient lors de la loi du 8 juin;

2° En ne faisant pas le dépôt de 120 millions de valeurs et avec affectation spéciale, pour assurer le paiement des lots et le remboursement de toutes les obligations émises;

3° En faisant un dépôt inférieur et en le faisant sans affectation spéciale;

4° En constituant une Société civile, et en faisant nommer comme Administrateurs de cette Société ceux de la Compagnie de Panama, de manière, par une voie déguisée et contraire à la loi du 8 juin, à avoir la possibilité de retirer les valeurs déposées, au préjudice des obligataires à lots;

5° En faisant un emprunt de 24 millions et en donnant en nantissement et gage 400 mille des obligations non souscrites, ce qui constituait une cession déguisée, à des prix au-dessous du chiffre d'émission fixé par la loi, et la division des titres que cette même loi défendait;

6° En retardant les tirages des obligations, en fixant les lots à des chiffres inférieurs à ceux fixés par la loi, et en faisant diverses stipulations qui avaient pour but de faire profiter la Compagnie de Panama sur les 120 millions, en principal et intérêts et intérêts capitalisés pendant 99 ans, d'une somme d'environ 500 millions au préjudice des obligataires à lots, ainsi que nous l'avons démontré dans un travail de chiffres adressé à M. Albert Duchesne, alors député, au commencement de mai 1889;

7° En faisant participer aux tirages les obligations non souscrites, et en leur donnant des chances de gain qu'elles ne devaient pas avoir, alors surtout qu'aucun des termes et conditions essentiels de la loi ne pouvait être rempli;

8° En faisant construire une roue pour les tirages et en plaçant les numéros dans la roue, le tout de manière que les hauts numéros non placés puissent presque toujours gagner les lots et les obligations;

9° En se servant et en continuant de se servir de cette roue, malgré les avertissements donnés, et par suite en gagnant généralement tous les lots et surtout les gros;

10° En exigeant des obligataires à lots non libérés les sommes qu'ils restaient devoir, et en ne saisissant pas le pouvoir législatif de nouvelles demandes d'autorisations légales, modifiant, complétant, expliquant et interprétant la loi du 8 juin 1888.

Il est certain et indiscutable que les termes et conditions essentiels de la loi du 8 juin 1888 n'avaient pas été remplis, de sorte qu'en droit, cette même loi d'autorisation n'existait plus, la Compagnie se trouvait dans une situation analogue à celle qu'elle aurait eue si elle n'avait pas obtenu d'autorisation et il devait être fait contre les administrateurs de la

Compagnie de Panama et de la prétendue société civile et le liquidateur, l'application des articles 1, 2, 3 de la loi du 21 mars 1836 et 410 du Code pénal qui sont ainsi conçus :

1.—Les loteries de toute espèce sont prohibées;

2. Sont réputées loteries et interdites comme telles, les ventes d'immeubles, de meubles ou des marchandises effectuées par la voie du sort ou auxquelles auraient été réunies des primes ou autres bénéfices dus au hasard et généralement toutes opérations offertes au public pour faire naître l'espérance d'un gain qui serait acquis par la voie du sort.

3. La contravention à ces prohibitions sera punie des peines portées en l'article 410 du Code pénal.

Art. 410. — Ceux qui auront tenu une maison de jeu de hasard et y auront admis le public, soit librement, soit sur la présentation des intéressés ou affiliés, les banquiers de cette maison, tous ceux qui auront établi ou tenu des loteries non autorisées par la loi, tous administrateurs préposés ou agents de ces établissements seront punis d'un emprisonnement de deux mois au moins et de six mois au plus et d'une amende de cent francs à six mille francs.

Les coupables peuvent être de plus, à compter du jour où ils auront subi leur peine, interdits pendant cinq ans au moins et dix ans au plus des droits mentionnés en l'art. 42 du présent Code.

Dans tous les cas, seront confisqués tous les fonds ou effets qui seront trouvés exposés au jeu ou mis à la loterie, les meubles et les effets mobiliers dont les lieux seront garnis ou décorés.

Aucun doute ne peut exister à cet égard ; la Cour de cassation l'a proclamé elle-même plusieurs fois, notamment dans un arrêt du 10 juillet 1882 (D. P. 83. 1: 89-91).

Les motifs et le dispositif de cet arrêt sont ainsi conçus :

Sur le moyen pris de la violation des articles 1, 2, 3 de la loi du 21 mai 1836 et 410 du Code pénal :

Attendu, dit la Cour de cassation, que la loi du 21 mai

1836, après avoir prohibé dans son article 1° les loteries de toute espèce, leur assimile par son article 2 et interdit comme telles, certaines ventes mobilières et immobilières qu'elle désigne, et généralement toutes opérations offertes au public pour faire naître l'espérance d'un gain qui serait acquis par la voie du sort ;

Attendu que si, en vue d'un intérêt économique, des lois postérieures ont dérogé à ces dispositions, en autorisant des villes ou des compagnies financières à émettre des obligations avec primes ou lots, ces lois ont strictement précisé dans quelles conditions chacune de ces émissions aurait lieu, qu'elles ont fixé la valeur du titre et son revenu annuel, l'importance des gains aléatoires, le nombre des tirages au sort et le taux du remboursement, limitant ainsi la proportion *d'aléa* qu'elles autorisaient, de manière à conserver à la valeur émise le caractère d'un placement sérieux ;

Attendu que les conditions arrêtées par ces lois spéciales pour la création de certaines obligations à lots doivent être rigoureusement observées, qu'il ne saurait être permis de les modifier dans leurs parties essentielles, notamment d'y ajouter des chances de gain autres que celles déterminées par le législateur ; qu'une modification de cette sorte dénature le caractère de la valeur autorisée et constitue une opération aléatoire nouvelle, tombant, à défaut d'autorisation, sous l'application des articles 1, 2, 3 de la loi du 21 mai 1836 et 410 du Code pénal.

Nous n'en dirons pas davantage, il est certain et indiscutable, aussi bien en fait qu'en droit, que les administrateurs de la Compagnie de Panama avaient commis le délit prévu et puni par les articles susvisés.

SEPTIÈME PARTIE

PLAINTE DÉPOSÉE PAR VOIE DE CITATION DIRECTE POUR FAIRE,
CONTRE LES ADMINISTRATEURS, L'APPLICATION DES ART. 1, 2 ET 3
DE LA LOI DU 21 MAI 1836 ET 410 DU CODE PÉNAL. — REFUS PAR M. LE
PROCUREUR GÉNÉRAL DE POURSUIVRE. — VIOLATION DE LA LOI. —

Au mois de mai 1889, MM. Hugelmann, Loubaresse et
moi, nous rédigeâmes une citation directe pour traduire devant le tribunal correctionnel MM. de Lesseps et consorts,
administrateurs des deux Sociétés, pour demander contre
eux l'application de la loi pénale, par suite de l'inobservation des termes et conditions essentiels de la loi du 8
juin 1888.

Nous remîmes cet exploit à M. Clozier, huissier, 7, rue Laffitte, qui, après l'avoir examiné, le fit mettre sur timbre et le
signa avec nous trois requérants. Cet exploit fut déposé au
Parquet de M. le procureur de la République au commencement de mai, afin, selon l'usage, d'obtenir la fixation du
jour. Le lendemain, lorsque nous allâmes pour retirer l'exploit, on nous prévint que le parquet ne pouvait pas le viser par ce motif que M. de Lesseps étant Grand-croix de la
Légion d'honneur, il devait être cité avec les autres prévenus devant la cour d'appel.

C'était vrai, nous avions oublié l'art. 10 de la loi du 20
avril 1810, ainsi conçu :

Lorsque de grands officiers de la Légion d'honneur, des généraux commandant une division ou un département, des archevêques, des évêques, des présidents de consistoire, des
membres de la cour de cassation, de la cour des comptes et
des cours impériales, seront prévenus de police correctionnelle, les cours impériales en connaîtront de la manière prescrite par l'art. 479 du Code d'instruction criminelle.

14

Notre huissier remit ensuite l'exploit à M. Harel, avocat général ; il promit de le remettre immédiatement à M. Quesnay de Beaurepaire, procureur général, qui nous fit prévenir quelque temps après, qu'il ne poursuivrait pas.

M. Quesnay de Beaurepaire avait-il le droit de refuser de poursuivre et son refus constitue-t-il une violation de la loi ? Incontestablement oui ; il va nous être facile de le démontrer.

D'abord le délit imputé était bien caractérisé, ainsi que nous l'avons démontré dans la sixième partie qui précède.

D'ailleurs, Dalloz, *Jurisprudence générale*, tome 30, Loteries, s'exprime ainsi :

L'infraction à la loi de 1836, dit Dalloz, est toute naturelle, en ce sens que les juges n'ont point à s'occuper du but de la loterie et de sa moralité ; il y a délit par cela qu'une loterie existe. Seulement le tribunal prendra en considération le but que les entrepreneurs se sont proposé, pour modérer, s'il y a lieu, la peine.

Et le même auteur, dans une note publiée à la suite d'un arrêt de cassation du 10 février 1866 (D. P. 66. 1. 281-284), ajoute :

Et il faudrait, dit-il, appliquer cette solution même à l'entreprise qui, ayant obtenu cette autorisation, sortirait de ses termes, l'usage abusif d'une autorisation étant assimilé au fait d'agir en l'absence de toute autorisation. (Voir analogie, en matière d'exploitation de boissons. C. C. 10 juillet 1862. D. P. 62. 1. 394).

Ensuite, M. le procureur général était obligé de se conformer à l'art. 379 du Code d'Ins. crim., ainsi conçu :

. Lorsqu'un juge de paix, un membre du tribunal correctionnel ou de première instance ou un officier chargé du ministère public près l'un de ces tribunaux, sera prévenu d'avoir commis hors de ses fonctions un délit emportant une peine correctionnelle, le procureur général près la cour royale le fera citer devant cette cour, qui prononcera sans qu'il puisse y avoir d'appel.

Cet article, comme on le voit, ne peut laisser aucun doute :
il dit : « Que lorsqu'un juge, etc., sera prévenu d'avoir commis hors de ses fonctions un délit emportant une peine correctionnelle, le procureur général le fera citer, etc. »

Les mots *sera prévenu* s'appliquent forcément aussi bien à une personne qui est poursuivie par le ministère public, qu'à celle contre laquelle une plainte ou une citation directe a été faite.

Donc, pour M. le procureur général Quesnay de Beaurepaire, M. Ferdinand de Lesseps, par suite de la citation directe signée par nous, était prévenu d'un délit emportant une peine correctionnelle. Pas de doute sur ce point, aussi bien en fait qu'en droit.

Alors, M. le procureur général se trouvait obligé par ces mots *fera citer,* de poursuivre M. Ferdinand de Lesseps et autres en les citant devant la cour d'appel de Paris.

Les mots, *fera citer,* constituent pour M. le procureur général des termes impératifs qui l'obligeaient à poursuivre sur le délit imputé par nous.

Il suffit d'ailleurs de se rappeler ce que M. Le Provost de Launay, député, dit à la Chambre, à la séance du 18 mai 1889 (voir *Journal officiel* du 19 mai) à propos de cet article 479.

« Veuillez remarquer les termes impératifs du jugement et
« surtout de l'art. 479 : *Le procureur général fera citer.* »

On dit qu'il existe des arrêts de la Cour de cassation qui auraient décidé que le procureur général serait juge de l'opportunité des poursuites.

Ces arrêts, s'ils existent, sont contraires aux principes de droit et d'équité, et nous ne pouvons pas croire qu'ils existent, car ces décisions auraient pour résultat d'empêcher à la partie civile d'exercer ses droits comme le lui permettent les art. 3, 63 et suivants du Code d'instruction criminelle.

Il n'appartient pas au pouvoir judiciaire d'empiéter sur le pouvoir législatif, et cependant, si ces arrêts existaient, la Cour de cassation n'aurait ni plus ni moins fait que de modifier et compléter nos lois, c'est-à-dire commettre un excès de pouvoir en exerçant le pouvoir législatif.

Il résulte, en un mot, de tout ce qui précède, que M. le procureur général, en refusant de poursuivre sur la plainte contenue dans la citation directe ci-dessus, a violé nos lois et notamment l'art. 479 du Code d'instruction criminelle.

HUITIÈME PARTIE

PROJET DE LOI ADRESSÉ AU POUVOIR LÉGISLATIF AU NOM DES POR-
TEURS DE TITRES.

Au mois de mai 1888, nous adressâmes au pouvoir législatif, au nom des porteurs de titres, un projet de loi ainsi conçu :

La loi du 8 juin 1888 autorisant la Compagnie du Canal Interocéanique de Panama à faire l'émission de deux millions d'obligations à lots, est modifiée, complétée et expliquée comme il suit :

ARTICLE PREMIER. — Les obligations souscrites en juin 1888 et depuis, s'élevant à environ 850 mille, doivent seules participer au tirage des lots et au remboursement par voie de tirage à 400 francs.

Les autres titres d'obligations formant le complément des deux millions doivent être considérés comme s'ils n'existaient pas. Ils devront être détruits.

ART. 2. — Les lots doivent être réduits chaque année à partir du 15 décembre 1888, époque de la déconfiture de la compagnie, proportionnellement aux obligations souscrites.

La réduction portera en entier et proportionnellement sur

les lots de 500,000 francs, de 250,000 francs et de 100,000 fr. Les autres lots resteront aux chiffres indiqués.

Art. 3. — Les obligataires à lots qui ne seront pas libérés de leurs versements antérieurs au 15 décembre 1888, dans un délai à déterminer, perdront leurs droits au tirage des lots et au remboursement des obligations.

Art. 4. — Les obligataires à lots pour les versements restant à faire à partir du 5 février 1889 auront la faculté d'effectuer ou de ne pas effectuer leurs versements. Ils devront se prononcer dans un délai à fixer.

Art. 5. — Les obligataires à lots entièrement libérés ou qui effectueront régulièrement leurs versements auront droit à la totalité des lots réduits et au remboursement des obligations sorties.

Ceux qui décideraient de ne pas effectuer leurs versements n'auront droit qu'à la moitié et la Compagnie en liquidation à l'autre moitié.

Art. 6. — Les valeurs (rentes sur l'État) formant un chiffre d'environ 55 millions sont également suffisantes pour la garantie du paiement des lots et du remboursement des obligations, le tout réduit au chiffre des obligations souscrites.

Le dépôt de ces valeurs fait, soit au Crédit foncier, soit à la Caisse des dépôts et consignations, dans les termes, conditions et stipulations du projet de conventions annexé, est suffisant et conforme à la loi du 8 juin 1888, qui exigeait un dépôt de valeurs suffisantes avec affectation spéciale.

Art. 7. — Le tirage des lots fait le 15 février 1889 et auquel les obligations non souscrites ont participé, est nul et non avenu. Ce tirage ainsi que celui du 15 avril seront faits en même temps que le tirage du 15 juin 1889.

Ce projet de loi était le seul légal.

Du moment que les termes et conditions essentiels de la loi du 8 juin n'avaient pas été scrupuleusement observés, la Compagnie se trouvait dans la même situation que si elle n'eût jamais eu d'autorisation, et le pouvoir législatif seul était compétent pour modifier, compléter et expliquer la loi du 8 juin 1888 ; le pouvoir judiciaire n'avait aucune compétence.

Le pouvoir législatif refusa de voter ce projet et il vota l'incroyable projet de M. Brunet, dont il sera parlé sous la neuvième partie ci-après.

NEUVIÈME PARTIE

PROJET DE LOI PRÉSENTÉ PAR M. BRUNET. — IL Y AVAIT LIEU PAR LE POUVOIR LÉGISLATIF DE SURSÉOIR A STATUER JUSQU'APRÈS DÉCISION PASSÉE EN FORCE DE CHOSE JUGÉE SUR LA PLAINTE DÉPOSÉE PAR VOIE DE CITATION DIRECTE. (Voir septième Partie).

M. Brunet, protégé par le gouvernement, eut l'audace de demander à être autorisé à vendre les 1150 mille obligations non souscrites, ce qui était absolument inique.

En effet, les 850 mille premières obligations avaient été payées 360 francs ; plusieurs avaient été libérées et les autres ne l'étaient que de 180 francs.

Les 1150 mille ne pouvaient pas être vendues plus de 50 à 60 francs et encore, car on se demande si elles ont été vendues chacune plus de 35 francs.

Et alors pour une somme de 35, 50 ou 60 francs, les nouveaux souscripteurs des onze cent cinquante mille non souscrites se trouveraient avoir sur les lots et les obligations des droits égaux aux souscripteurs des 850 mille qui avaient payé, les uns 360 francs, les autres 180 francs, ce qui était inique, révoltant et scandaleux.

Mais ce n'est pas tout.

Du moment que le pouvoir judiciaire était saisi par nous de la plainte (voir septième partie) le pouvoir législatif ne pouvait pas être saisi de l'autorisation de vendre ces obligations avant la décision passée en force de chose jugée sur la plainte.

Le pouvoir judiciaire et le pouvoir législatif se mirent d'accord.

Le pouvoir législatif autorisa l'aliénation des 1150 mille obligations, malgré nos protestations, et M. Brunet put vendre à vil prix ces obligations et payer une somme de 22 millions due à un syndicat de banquiers, qui avaient reçu à titre de nantissement tout ou partie des 1150 mille obligations, nantissement qui était illégal et nul.

Le pouvoir judiciaire refusa de poursuivre et de surseoir à statuer, comme nous le lui demandions, et par suite toutes nos lois furent violées aussi bien par le pouvoir législatif que par le pouvoir judiciaire.

Il est certain que ces illégalités furent commises pour sauver les banquiers en même temps que les administrateurs et fondateurs de la Compagnie de Panama.

DIXIÈME PARTIE ET CONCLUSION

Il nous reste à examiner les responsabilités.

La responsabilité de l'État résulte de la complicité des trois pouvoirs : pouvoir exécutif, pouvoir législatif et pouvoir judiciaire, et de la complicité des privilégiés judiciaires.

Ces complicités ont été démontrées en fait et en droit dans le cours de ce travail.

La séparation des pouvoirs est un des principes fondamentaux de notre droit public ; elle est une des plus puissantes garanties de nos libertés.

La conséquence de cette séparation de pouvoirs veut que chacun reste dans ses attributions et remplisse ses devoirs et obligations. L'Etat, en ce qui le concerne, les tribunaux dans leurs attributions et le pouvoir législatif dans son rôle.

Du moment que, dans l'espèce qui nous occupe, cette grosse affaire Panama, tous les pouvoirs se sont entendus ; ils ont violé les lois, ils ont protégé ostensiblement les criminels et les exploiteurs et ils ont conséquemment gravement compromis, par leurs actes, par leurs procédés et par leur conduite, les intérêts et les droits, non seulement des victimes du Panama, mais de tous ceux qui sont contribuables.

Puis il en résulte une responsabilité à laquelle l'Etat ne saurait échapper, et s'il est obligé de rembourser les sommes qu'il a garanties, ce sera tous les contribuables qui devront payer.

La responsabilité résulte notamment de tous les actes, faits et circonstances, compris dans le présent travail et de ceux que nous allons encore préciser et que nous avons oubliés.

Le pouvoir judiciaire, d'accord avec tous les autres pouvoirs et les privilégiés judiciaires, a refusé de poursuivre et d'instruire sur les crimes et délits existants dans l'affaire de Panama et conséquemment a violé toutes nos lois pour que ces crimes et délits ne soient pas réprimés et ne puissent pas être réprimés.

Ils ne se sont pas arrêtés là. Pour satisfaire l'opinion publique et faire croire à leur bonne foi, ils ont commencé une instruction il y a quelque temps, et cette instruction a été confiée à M. Prinet, ancien juge d'instruction, aujourd'hui conseiller à la Cour, qui a pour spécialité d'étouffer toutes les affaires.

Ces poursuites et instruction ne sont que comédie ; car tous les magistrats, les membres du gouvernement, les législateurs et les privilégiés savent que, d'après la loi du

24 juillet 1867, du moment où la Société de Panama est devenue une société civile, les administrateurs et les fondateurs ne peuvent encourir aucune responsabilité pécuniaire ni pénale et qu'ils les poursuivent pour des crimes et des délits imaginaires.

Ils savent aussi qu'en admettant qu'il pût être fait contre eux l'application d'une loi pénale quelconque, les vrais coupables, ceux en possession desquels les biens volés se trouvent, ne peuvent pas être poursuivis tant que la Société de Panama ne sera pas devenue Société commerciale, comme elle eût dû toujours rester.

Ils savent enfin que ce n'est pas après trois ans que l'on poursuit les criminels et alors qu'on leur a laissé le temps de préparer des comptabilités et des comptes fantastiques.

La responsabilité de l'Etat résulte surtout de tous les actes, faits et circonstances qui se rattachent à la demande d'autorisation d'émettre des obligations à lots en 1885 ;

Au rapport Rousseau caché, au retrait du projet de loi en 1886 ;

Au vote de la loi du 8 juin 1888 ;

Au projet de loi déposé le 14 décembre 1888 ;

Au refus de présenter et d'approuver le seul projet de loi que le pouvoir législatif pouvait sanctionner ;

A la présentation et au vote de la loi du 15 juillet 1889 qui a autorisé la négociation des 1150 mille obligations dont la destruction était demandée par les porteurs de titres au pouvoir judiciaire légalement saisi ;

Et à l'approbation des divers emprunts s'élevant à plusieurs centaines de millions qui ont été obtenus du public à l'aide de mensonges et par la publication faite de mauvaise foi de faits faux, et en corrompant les membres du gouvernement, des deux Chambres et la presse.

La responsabilité de l'Etat ne fait pas de doute en fait.

En droit, elle n'en fait pas davantage et il résulte de nos lois et constitutions en général, de la complicité que nous avons démontrée dans les pages qui précèdent, principalement de l'article 1382 du Code civil qui dit que :

Tout fait quelconque de l'homme, qui cause à autrui un dommage, oblige celui par la faute duquel il est arrivé, à le réparer.

Seulement il s'agit de savoir à quelle époque il faut faire remonter cette responsabilité et de quelle somme l'Etat doit être responsable.

Suivant nous, la responsabilité de l'Etat devrait remonter à la création de la Société et même avant cette création.

Le gouvernement, les Chambres, le pouvoir judiciaire et en particulier le ministre de la Justice auraient dû arrêter le mal dans sa racine.

Du moment où la première tentative d'émission n'avait pas réussi, il était du devoir du gouvernement et du pouvoir judiciaire d'empêcher la seconde et surtout d'empêcher de tromper le public par la publication de faits faux.

Par suite l'Etat serait donc responsable de tous les emprunts et de toutes les sommes obtenues de l'épargne française, soit environ 1 milliard 800 millions.

Dans tous les cas, la responsabilité de l'Etat doit remonter au moins au 17 juin 1885, jour où le gouvernement, par suite de la demande d'autorisation faite pour émettre 2 millions d'obligations à lots, a envoyé à Panama un ingénieur pour connaître la vraie situation qu'il a cachée quand il l'a connue.

Pour nous, donc, l'Etat doit être responsable au moins de toutes les sommes empruntées par la Compagnie depuis 1885.

Elles s'élèvent :

1° En 1886 et en 1887 à environ 300 millions ;

2° En mars 1888 à 50 millions ;

3° En juin-juillet 1888 a 250 millions ;

4° Et à 51 millions, représentant les sommes destinées au paiement des lots et au remboursement des 850 mille obligations souscrites.

Total : 651 millions.

Maintenant voici succinctement ce qu'il y aurait à faire encore aujourd'hui par les 850,000 porteurs de titres.

Ce serait de s'unir et de s'entendre pour former une union ou syndicat pour la défense et la revendication de leurs droits et intérêts.

Les voies à suivre et les moyens légaux à employer par les porteurs de titres, seraient principalement les suivants :

1° Former tierce-opposition au jugement qui a proclamé la société de Panama société civile, ainsi qu'à l'arrêt confirmatif du jugement ;

2° Former une demande en nullité de la Compagnie de Panama ;

3° Faire prononcer ensuite par le tribunal de commerce la faillite des fondateurs et administrateurs, MM. de Lesseps et consorts ;

4° Porter une plainte en banqueroute frauduleuse et en complicité de banqueroute frauduleuse contre les administrateurs et le directeur de la Compagnie de Panama, leurs femmes et autres personnes qui ont mis sous leurs noms les biens et valeurs détournés, représentant plusieurs centaines de millions enlevés à l'épargne française ;

5° Former une demande en responsabilité contre le gouvernement.

De cette manière les poursuites judiciaires, criminelles et correctionnelles, seront légales et produiront seules des effets.

De plus, elles permettront, comme ce sont des crimes qui

ne se prescrivent que par dix ans, de joindre à ces poursuites celles des délits connexes et notamment du délit prévu et puni par les art. 1, 2, 3 de la loi du 21 mai 1836 et 410 du Code pénal.

Paris, le 1ᵉʳ août 1891.

E. LESAULNIER,
Jurisconsulte, 6, rue Saint-Bon.

B

La plainte adressée au procureur de la République et au juge d'instruction Prinet, visait et précisait les actes, faits et circonstances indiqués dans la brochure *Graves révélations* et dans une brochure *le Bal des Vaches et la Scandaleuse affaire Hugelmann*, et constituant des crimes et délits des plus caractérisés, imputés à la veuve Hugelmann et à ses complices.

La plainte au ministre avait pour effet d'obtenir l'application de l'art. 274 du Code d'instruction criminelle.

La lettre adressée à tous les notaires du département de la Seine se terminait ainsi :

« Nous osons espérer, messieurs, que vous vous joindrez à nous pour que les lois civiles et pénales soient strictement et rigoureusement observées et appliquées contre un pareil notaire, afin de nous permettre d'obtenir la justice à laquelle nous avons droit, et le recouvrement de nos droits bien légitimes, et aussi afin d'empêcher le renouvellement de pareilles actions.

« S'il en était autrement, vous vous rendriez en quelque sorte complices des mauvaises actions commises.

« Vous ne le voudrez pas. »

Celle adressée à tous les avoués de Paris contenait ce qui suit :

« Nous espérons, dans tous les cas, que vous n'hésiterez pas à chasser du sein de votre corporation M. Mercier, avoué, et à vous joindre à nous pour que les lois civiles et pénales soient strictement et rigoureusement observées et appliquées contre un pareil criminel, qui n'est plus digne de faire partie de votre honorable corporation, afin de nous permettre d'obtenir la justice à laquelle nous avons droit et le recouvrement de nos droits, et afin d'empêcher le renouvellement de pareilles infamies.

« S'il en était autrement, vous vous rendriez en quelque sorte complices des mauvaises actions commises : vous ne le voudrez pas. »

C

La mise en demeure adressée à M. le procureur de la République le 7 mai 1890 se terminait ainsi :

« La présente vous est donc adressée par les soussignés, monsieur le procureur de la République, pour vous prier de bien vouloir intervenir immédiatement et de donner votre réquisitoire, comme le prescrit l'art. 64 du Code d'instruction criminelle. »

L'exploit signifié à M. Bonneau contenait sommation de dénoncer les crimes et délits imputés conformément à l'article 482 du Code de commerce.

D

La plainte du 14 mai 1890, adressée par les créanciers à M. le procureur de la République et à M. Prinet, juge d'instruction, après avoir précisé les faits, se terminait ainsi :

« Les soussignés viennent donc, messieurs, vous porter plainte contre toutes les personnes dénommées dans les plaintes précédentes, ainsi que contre mesdames Mérantier, Donzon et Dumersant, mesdemoiselles Lemat, et contre M. Bonneau, syndic, à raison des crimes et délits imputés.

« Les témoins qui seront entendus, conformément à la loi, sont indiqués dans le travail ci-joint. Tous les plaignants désirent et demandent à être entendus comme témoins, pour éclairer la justice et pour déposer sur tous les faits sans exception, précisés dans les dépositions recueillies.

« Les soussignés vous prient, messieurs, de bien vouloir faire entendre ces témoins par M. Prinet, l'un de vous, et de bien vouloir faire toutes les perquisitions, saisies et arrestations demandées.

« Ils comptent, messieurs, sur votre bonne et prompte justice.

« Ils espèrent que, malgré les riches et hautes influences sur lesquelles madame Hugelmann dit absolument compter, la justice devra suivre son cours, sans se préoccuper si madame Hugelmann a ou n'a pas de puissants adorateurs ; s'il existe ou n'existe pas parmi les accusés des notaires et des avoués, et qu'alors les crimes et les délits seront poursuivis et réprimés sans distinction de caste ni de situation sociale desdits accusés.

« Madame veuve Hugelmann, qui est une grande criminelle et une prostituée, et qui n'est devenue prostituée avec une clientèle riche et puissante qu'en détournant des biens et valeurs considérables, dépassant dans le principe deux cent mille francs, et en commettant avec le concours de son mari, qui tolérait et favorisait sa prostitution, et avec celui de MM. Piras, propriétaire, Comyn, marchand de meubles, et Baudrier, notaire, ne peut pas échapper à la répression. Ce serait scandaleux et la preuve que la magistrature voudrait favoriser et protéger le crime, le vice et la prostitution.

« Vous ne le voudrez pas, messieurs, et M. le procureur général et M. le ministre de la justice, auxquels les soussignés s'adressent, en même temps qu'à vous, ne le voudront pas davantage.

« Les soussignés, créanciers de la faillite Hugelmann, sont certainement indignés de voir ce qui se passe dans cette affaire, et de savoir que Mᵉ Mercier, avoué, et M. Tézenas, avocat, sont continuellement avec madame Hugelmann et lui dictent ses réponses et la ligne de conduite qu'elle doit tenir pour étouffer les crimes et délits imputés, et partant en empêcher la répression.

« Un dernier mot, messieurs. On fait courir le bruit que des démarches sont faites par des adorateurs puissants et riches de madame Hugelmann, pour mettre en liberté provisoire cette peu intéressante veuve.

« Les soussignés ne comprennent pas que des hommes riches, commerçants, jouissant d'une grande honorabilité, emploient leurs influences et leur fortune, et fassent de pareilles démarches, qui sont certainement scandaleuses, pour obtenir la liberté sous caution d'une telle femme, qui a commis tant de crimes et de délits, et fait de nombreuses victimes. Il serait en effet scandaleux et même honteux, de voir mettre en liberté, même provisoire, une pareille femme, qui a commis toutes les mauvaises actions possibles, qui a depuis longtemps une inconduite notoire, et qui voudrait sortir pour cacher et détourner complètement tous les biens et valeurs par elle détournés, pour empêcher par ses manœuvres et ses intrigues, la répression des crimes et délits par elle commis et pour recommencer de nouveau à faire de nouvelles dupes.

« Ce serait protéger et favoriser le crime, le vice et la prostitution ; vous ne le voudrez pas, messieurs.

« Si jamais une pareille chose se produisait, ce serait un *tolle* général parmi les nombreuses victimes de cette indigne femme et de cet indigne officier ministériel, M° Mercier, avoué, qui devrait depuis longtemps avoir rejoint sa protégée et son intime amie.

« S'il était à l'abri, l'instruction de tous les crimes et délits commis par madame Hugelmann et ses complices serait plus facile et donnerait de meilleurs résultats, puis on ne verrait pas à chaque instant M° Mercier et d'autres complices se mettre en travers pour empêcher la découverte de la vérité et la répression des crimes et délits imputés.

« Les soussignés comptent, messieurs, sur votre bonne et prompte justice, et ils vous prient d'agréer l'assurance de leur respectueuse considération. »

Les plaintes adressées au procureur général et au ministre tendaient aux mêmes fins et principalement à faire l'application de l'art. 274 du Code d'instruction criminelle.

E

Le lecteur est prié de se reporter à la brochure *le Ba des Vaches et la scandaleuse affaire Hugelmann*, par Eugène Saulnier, une des victimes de M. Toutée, président de la neuvième chambre correctionnelle.

F

Le texte de la plainte et celui de la dénonciation se trouvent en entier dans la brochure *le Bal des Vaches et la scandaleuse affaire Hugelmann*, pages 8, 9, 10, 11, 29 à 40 incluses.

G

Dans ses conclusions et dans sa requête contenant ses moyens d'appel, M. Saulnier demandait à la cour de faire l'application des lois, dans le dispositif divisé en quinze paragraphes.

Les paragraphes huit à quinze sont ainsi conçus :

VIII. — Dire et juger que pour les autres faits et circonstances précisés dans la citation directe et renouvelés douzième partie, lettre D, ci-dessus des motifs, lesquels constituent les crimes de faux en écritures authentiques et publiques et d'usage de faux, les crimes de banqueroute frauduleuse, de complicité et de tentative de banqueroute frauduleuse, de vol qualifié et des délits connexes, parmi lesquels le délit d'escroquerie et de tentative d'escroquerie pour lequel Loubaresse et la veuve Hugelmann sont poursuivis à la requête du ministère public, il y a lieu de décerner contre les prévenus un mandat d'arrêt et de renvoyer lesdits prévenus devant tous fonctionnaires publics compétents autres toutefois que ceux qui ont rendu le jugement et fait les instructions, conformément aux termes précis de l'art. 214 du Code d'instruction criminelle et des art. 226 et 227 du même Code.

Qu'il doit en être ainsi en ce qui concerne les autres crimes commis, notamment : le crime de faux dont est entachée la renonciation au greffe du 20 août 1889; le délit de complicité par recel qui a été commis par M. Kahn et mesdames Lemat, Mérantier, Donzon et autres et tout ce qui se rattache au mystère de la mort d'Hugelmann.

En conséquence, dire que c'est à tort que le tribunal s'est déclaré compétent.

Renvoyer les prévenus pour tous les crimes et délits connexes devant tous fonctionnaires publics compétents, autres que ceux qui ont rendu le jugement et fait les instructions. Et décerner contre eux un mandat d'arrêt.

IX. — Dire et juger que c'est à tort et contrairement à la loi que le délit de complicité par recel, prévu et puni par l'art. 62 du Code pénal, a été imputé à la veuve Hugelmann ; que le délit qui devait lui être imputé, était en outre le crime de banqueroute frauduleuse et de complicité de banqueroute frauduleuse, le délit de vol, par suite du détournement, du divertissement et du recel, prévu et puni par l'art. 594 du Code de commerce et l'art. 401 du Code pénal, que ce délit de recel ne peut pas être confondu avec celui de complicité par recel, prévu par l'art. 62, mais que cependant le délit de complicité par recel devait être imputé à M. Kahn, banquier, et à mesdames Lemat, Mérantier, Donzon et autres.

S'entendre, tous les susnommés : madame veuve Hugelmann, MM. Piras, Comyn, Baudrier, Mercier, Bonneau, Hourné, Daumy et Loubaresse, déclarer atteints et convaincus du délit de vol, de détournement, de divertissement et recel, visé, paragraphes quatre à sept de la citation directe des motifs ci-dessus, douzième partie, lettre E, prévu et puni par les art. 594 du Code de commerce, 401, 59 et 60 du Code pénal.

Voir déclarer que ce délit a été commis par la veuve Hugelmann comme auteur principal, et par les autres inculpés comme complices.

En conséquence, s'entendre tous les susnommés condamner solidairement à payer au requérant la somme de trente mille francs à titre de dommages-intérêts, avec intérêts de droit et aux frais de la procédure.

X. — Statuer d'office conformément à l'art. 595 du Code de commerce sur la réintégration à la masse de la faillite Hugelmann de tous les biens, droits et actions frauduleusement soustraits.

En conséquence décider : 1° que les biens et valeurs saisis, y compris le capital de cent mille francs de l'assurance et se trouvant, 468, boulevard Haussmann, ou ailleurs et au greffe, doivent rentrer à la masse de ladite faillite dont ils n'eussent jamais dû sortir; 2° que les biens et valeurs détournés, soustraits et recélés, qui ne se retrouvent pas et ont été substitués, représentent un chiffre total de plus de trois cent mille francs.

XI. — S'entendre tous les susnommés, soit comme auteurs principaux, soit comme complices, soit à la complicité les uns des autres, déclarer atteints et convaincus des délits d'escroquerie et de tentative d'escroquerie, visés, paragraphe huit des motifs de la citation directe et ci-dessus dans les motifs (douzième partie, lettre E) prévus et punis par les art. 405, 59 et 60 du Code pénal.

S'entendre, M. Bonneau et madame veuve Hugelmann, soit comme coauteurs, soit comme complices, déclarer atteints et convaincus du délit de malversation, prévu et puni par l'art. 596 du Code de commerce et par les art. 405, 59 et 60 du Code pénal.

En conséquence, s'entendre, tous les prévenus, condamner solidairement à payer à l'appelant ès noms et qualités la somme de 50,000 francs à titre de dommages-intérêts, aux intérêts de droit et aux frais de procédure.

Sauf au ministère public à prendre toutes réquisitions qu'il jugera convenables dans l'intérêt de la vindicte publique.

XV. — Subsidiairement et pour le cas où la Cour ne se croirait pas suffisamment éclairée, surseoir à statuer sur le fond et réserver les dépens.

Puis, fixer jour pour l'audition des témoins et l'instruction devant la Cour, conformément à la loi et notamment aux art. 189, 190 et suivants, 209 et suivants du Code d'instruction criminelle et statuer enfin sur les demandes et ré-

quisitions de l'appelant, comprises dans les présentes conclusions.

Sous les plus expresses réserves de modifier et compléter
les présentes demandes, réquisitions et conclusions jusqu'à
fin de cause.

H

Paris, le 6 juin 1891.

MESSIEURS,

Je, soussigné, etc.,

Ai l'honneur, en vous confirmant ma plainte du 19 juillet
1890, et comme suite à cette plainte, de vous adresser la
nouvelle plainte ou complément de plainte suivante :

A la suite de la plainte du 19 juillet 1890, dont M. Prinet
a d'abord été saisi et aujourd'hui M. Garnot se trouve saisi,
des perquisitions et saisies de pièces, titres, livres et documents ont eu lieu chez les quatre inculpés et un sieur Lan-
get, tant à Paris qu'à Saint-Etienne.

De plus, M. le juge d'instruction Prinet a nommé comme
expert comptable M. Michel, 5, passage Violet, qui nous a
entendu à plusieurs reprises.

Les livres saisis à Saint-Etienne sont invoqués aujour-
d'hui par les inculpés pour justifier leurs prétentions et tenter de prouver leur innocence.

Mais nous venons de découvrir, ce que je soutenais depuis le commencement, que les vrais livres n'existaient plus,
qu'ils avaient été cachés et que le livre que les inculpés appellent livre de caisse, principalement était faux.

Cela résulte en effet jusqu'à l'évidence des lettres écrites
par M. Desbruères (Jean-Rong) à son frère Pierre, en janvier, février et mars 1889 qui ont été saisies à Saint-Etienne
et dont des extraits sont ci-joints.

Ces lettres contiennent notamment les passages suivants :

Savoir :

1° Celle du 17 janvier.

« Cette affaire de livre me tourmente, dit M. Desbruères.

« Les considérations que tu ómets d'un livre neuf, etc., etc.

« Tout cela ne vaut pas, à mon avis, un livre régulier.

« Il faut une régularité parfaite, sans cela, je t'affirme que
« cela se passera mal. Les juges ont déjà une appréhension
« que je veux soustraire tout à la communauté ; AVEC NOTRE
« TENUE DE LIVRES, ils y verraient la même chose et rendraient
« certainement la société responsable de la dot, etc.

« Il n'est pas difficile de VIEILLIR LE LIVRE, DE LE SOUILLER UN
« PEU, ETC.

« Quant aux preuves de ceci ou de cela, je t'affirme que
« cela n'est rien, ils ne peuvent rien en présence d'une situa-
« tion claire avec preuves à l'appui et ils peuvent tout dans
« une situation embrouillée ou pas suffisamment claire pour
« des juges qui, en réalité, n'y connaissent rien et qui ne
« voient qu'une chose, est-elle régulière ou pas.

« Il faut faire ce travail, DE SUITE, DE SUITE, envoie donc les
« deux livres à François et nous verrons en nous consultant ce
« que nous devons faire, car vois-tu, c'est François qui sup-
« porterait toute l'affaire avec sa maison EN ÉVIDENCE, il me se-
« rait impossible de les amener à faire des concessions, ils
« auraient une prise qui ne pourrait leur échapper.

« Puis M. Desbruères ajoute : Qui t'empêcherait, dit-il à son
« frère, d'avoir deux ou trois sortes d'encre, une pour Paris et
« une pour Saint-Étienne.

2° Celle du 8 février.

« Puisque-tu te décides, dit M. Desbruères à son frère, à
« faire un travail, rappelles-toi qu'il n'y a pas un moment à
« perdre, il ne faut pas que ce registre porte l'adresse du fa-
« bricant, car il serait facile d'établir que le registre a été fa-
« briqué longtemps après la date qu'il porte.

3° Celle du 21 mars.

« Revenons aux comptes que tu viens d'établir, les acquits
« de toutes les sommes payées sont-ils à l'appui ; pour Fran-
« çois, il se figure que nous avons dû perdre de l'argent dans

15.

« notre affaire de la rue Saint-Marc, et c'est ce qu'il nous ré-
« pond si on lui dit que nous avons plus d'argent que lui ;
« pour prouver le contraire il faut des acquits et avec ces acquits
« la chose d vient irréfutable ; à mon avis, nous ne pourrions
« pas nous présenter devant des juges si nous n'avions pas de
« preuves à l'appui. »

Comme vous le voyez, messieurs, ces lettres sont la preuve
des crimes et délits imputés dans ma plainte, et du concert
frauduleux organisé entre mon mari M. Desbruères et ses
trois frères, pour soustraire l'actif de la communauté et me
dépouiller en m'empêchant d'exercer mes droits et reprises
d'après la loi ; puis les livres saisis sont faux, tout au moins
le livre de caisse, et il est facile de voir en l'examinant
qu'il a été, pour me servir des expressions de M. Desbruères, VIEILLI ET SOUILLÉ.

Ces livres et écritures fabriqués et faits après coup constituent d'après la loi les crimes de faux en écriture de commerce et d'usage de faux prévus et punis par les art. 147
et 148 du Code pénal.

Et ces crimes ont été commis pour tenter de s'assurer
l'impunité des autres crimes et délits commis, et de prouver l'innocence des inculpés.

Il existe certainement dans les pièces, livres et documents
saisis, d'autres preuves des crimes et délits imputés, que
l'expert commis aura à préciser dans son rapport.

Il existe aussi d'autres actes, faits et circonstances constituant des crimes et des délits qui pourront également être
précisés dans le rapport de l'expert.

Enfin il est et sera démontré que M. Jean-Rong Desbruères possédait, lors de mon départ au mois d'août 1885 et
lors de l'inventaire, au moins 145 mille francs de biens et
valeurs qui comprenaient : 1° 15 mille francs environ ayant
servi à l'étude de l'automètre ; 2° Et 130 mille francs de
titres et valeurs divers que M. Desbruères avait achetés

notamment avec les fonds touchés de mon père en 1862 et avec les fonds provenant de la liquidation de la Société du 11 mars 1883.

Les agents de change et banquiers qui ont fait ces achats et toutes ventes sont : M. Bejot, agent de change, 89, rue de Richelieu ; Claude Lafontaine, banquier, et le Crédit lyonnais.

Si M. Desbruères ne veut pas produire les comptes des opérations faites, soit par lui, soit par ses frères, il sera facile à M. le juge d'instruction de les obtenir.

Ceci dit, je viens par la présente, messieurs, et conformément aux articles 63 et suivants du Code d'instruction criminelle, vous confirmer ma plainte du 19 juillet 1890 et vous compléter cette plainte ou vous en faire une nouvelle, que je porte formellement ici contre MM. Desbruères, Jean-Rong, Pierre-François et Charles-Gaspard, dénommés dans la plainte dudit jour 19 juillet, à raison des crimes de faux et d'usage de faux en écriture de commerce, dont sont entachés les livres et les écritures saisis et de tous autres crimes et délits dont je suis victime.

Lésée par ces crimes et délits, je déclare de nouveau me porter partie civile et conclure en 120 mille francs de dommages-intérêts solidairement contre MM. Jean-Rong, Pierre, François et Charles-Gaspard Desbruères, auteurs et complices de tous les crimes et délits indiqués, lesquels sont tous connexes et ont été commis et consommés pour arriver à détourner les 145 mille francs de valeurs de communauté, m'empêcher d'exercer mes reprises comme le veut la loi et notamment les articles 1471 et suivants du Code civil, me dépouiller complètement et me forcer à accepter les propositions dérisoires qu'ils me feraient.

Je compte, messieurs, sur votre bonne et prompte justice et je vous prie d'agréer l'assurance de ma respectueuse considération.

I

CHEZ M. SAULNIER

Dans le corps de ce livre nous avons parlé souvent de M. Saulnier; il a bien voulu nous communiquer, sur notre demande, de nombreux renseignements, et dans la lutte qu'il entreprend, nous le suivons avec plaisir.

Avant de clore ce livre, il nous sembla curieux, utile même, de le voir et de lui demander ce qu'il entend faire en présence de la mauvaise foi des gens de justice et des infamies dont il est victime.

— Ce que j'entends faire? dit-il, faire appliquer les lois en faisant mettre la justice en mouvement, faire condamner tous les criminels qui ont dépouillé d'honnêtes gens; faire poursuivre les magistrats, si toutefois ils méritent encore ce nom. N'ont-ils pas en effet rendu nuls les articles des codes en refusant de poursuivre lorsque la loi les y obligeait? Ce que je veux obtenir enfin, c'est le respect des lois et un sursis à statuer sur mon appel jusqu'au jour où le pays sera doté d'une magistrature réelle, puisque celle actuelle refuse de remplir ses fonctions.

— Mais, disons-nous, vous voyez ce que vous avez obtenu depuis que vous luttez? Dans votre situation actuelle, avec nos lois, avec surtout les magistrats qui sont chargés de les faire appliquer, que pouvez-vous espérer? — Puisque vous avez constaté que les magistrats ne tiennent aucun compte des lois, il en sera probablement toujours ainsi.

Du coup M. Saulnier bondit.

— Comment, monsieur, pouvez-vous admettre qu'un justiciable ne parviendra pas à faire reconnaître ses droits ? La loi est là, la loi est faite pour être appliquée contre quiconque a commis des crimes et délits, soit sur les personnes, soit sur les propriétés. Les magistrats qui composent le pouvoir judiciaire ainsi que les deux autres pouvoirs, le législatif et l'exécutif, ont été institués pour défendre et protéger la société, c'est-à-dire les victimes des crimes et des délits. Les magistrats principalement ont pour devoir et pour obligation de poursuivre, d'instruire et de condamner ; du moment que, comme dans toutes affaires qui nous occupent, ils ont abdiqué leurs fonctions et renoncé à les exercer, nous nous trouvons sans magistrats, et alors les pouvoirs législatif et exécutif sont tenus de nous en donner de nouveaux. Dans ces conditions, je dois aller jusqu'au bout ? j'irai jusqu'au bout, entendez-vous !

— Qu'entendez-vous par aller jusqu'au bout ? vous en avez essayé, cela ne vous a pas réussi Vous avez fait opposition à divers jugements, vous êtes allé en appel, vous avez fait des pourvois en cassation, et vous n'en êtes pas plus avancé.

— Vous vous trompez ; il est vrai que, devant aucune juridiction je n'ai réussi jusqu'alors. Mais il faut chercher la raison de ces échecs successifs dans le parti pris, peut-être même dans l'inimitié des magistrats. J'ai résolu de m'adresser à des juges impartiaux qui ne me connaissent pas et qui rendront leur jugement, non sur ma personne, mais sur les droits que je représente, et pour cela je vais saisir en même temps le pouvoir judiciaire, le pouvoir législatif et le pouvoir exécutif.

Au président de la République et aux deux Chambres je vais démontrer, dans des pétitions motivées, qu'il y a lieu, dans l'intérêt de tous les justiciables, dans l'intérêt de la société et de l'ordre public, d'instituer de nouveaux et vrais magistrats qui ne dépendront plus du pouvoir, et de faire la réforme judiciaire sur les bases suivantes :

1° Suppression des frais disproportionnés, des privilèges et des monopoles judiciaires ;

2° Etablissement proportionnel des frais judiciaires, exigibles seulement après justice rendue ou transaction ;

3° Election des magistrats par des délégués du suffrage universel après concours, stage et capacités constatés ;

4° Responsabilité effective des magistrats, soit au point de vue pécuniaire, soit au point de vue pénal ; établissement de tribunaux spéciaux pour juger ces responsabilités ;

5° Juridiction unique à trois degrés : juges de paix aux chefs-lieux de canton ; cours d'appel aux chefs-lieux d'arrondissement et cour de cassation. — Institution d'arbitres ou de jurés pour toutes les affaires civiles, commerciales, correctionnelles et criminelles.

Ce n'est pas tout. Le 27 octobre prochain vient devant la Cour (chambre des appels correctionnels) l'appel d'un jugement rendu par la dixième chambre, le 24 juin 1891, me condamnant à un an de prison, à 3000 francs d'amende et à 4000 francs de dommages-intérêts envers l'avoué Mercier. Cette condamnation est basée sur de prétendus délits de dénonciation calomnieuse et de diffamation, à raison d'actes, faits et circonstances précisés dans des plaintes adressées à la justice les 10 avril et 14 mai 1890. Les magistrats, s'ils n'eussent pas renoncé à exercer leurs fonctions, eussent dû, d'après les termes formels et impératifs de la loi, poursuivre et instruire sur ces plaintes. Ils

n'en ont rien fait; par conséquent pas de délits de dénonciation calomnieuse et de diffamation possibles. Aussi vais-
je préparer des conclusions et demandes précises que je fe-
rai signifier au besoin au procureur général et à la partie civile Mercier. Elles tendront à renvoyer le ministère public
à mieux procéder, ordonner des poursuites et une instruction
sur lesdites plaintes des 10 avril et 14 mai 1890 ; à désigner à cet effet des magistrats compétents, autres que
ceux du ressort de la cour de Paris ; et à surseoir à statuer
sur ledit appel du jugement du 24 juin 1891 : 1° jusqu'a-
près décision passée en force de chose jugée sur lesdites
poursuites et instruction ; 2° jusqu'après décision de la
Cour de cassation sur l'opposition que je me réserve de faire
contre un arrêt de ladite cour du 24 avril 1891 et, lorsque
cet arrêt m'aura été notifié, comme le prescrit l'art. 548,
C. d'ins. cr. ; 3° jusqu'à ce que le pouvoir législatif, légalement saisi. par mes pétitions, aura institué une nouvelle
magistrature, comme il y est obligé, puisque celle actuelle
a renoncé à remplir ses fonctions et refuse de les remplir en
les déléguant à d'autres.

— Cependant, si les Chambres ne veulent pas s'occuper
de cela ; si elles estiment que des lois plus importantes
que celles-là attirent leur attention ?

— Il n'y a rien de plus important que la réforme judiciaire et surtout l'institution d'une magistrature réelle,
puisque celle actuelle a renoncé à fonctionner.

Il a été reconnu qu'une magistrature est indispensable
pour protéger et défendre la société ; donc, du moment où
la magistrature ne veut pas remplir ses fonctions, la société ne se trouve plus ni protégée ni défendue, et alors
s'impose la nécessité d'instituer une nouvelle magistrature.

Le pouvoir législatif et le pouvoir exécutif ne peuvent pas plus longtemps maintenir un tel état de choses.

— Et si le pouvoir législatif refuse nettement de faire ce que vous demandez, que ferez-vous ?

— Ou les députés feront la réforme judiciaire ou ils donneront leur démission. Il est inadmissible, en effet, que le cours de la justice soit interrompu et que la sécurité publique soit en péril faute de magistrats.

— Vous devez cependant savoir combien la majorité parlementaire apporte de mauvaise volonté quand il s'agit de s'occuper de réformes utiles. Si les députés ne veulent rien faire et s'ils refusent de démissionner, que ferez-vous ?

— J'ai tout prévu. J'adresse une pétition au Sénat et une autre à M. Carnot, président de la République. La loi des 25-28 février 1875 accorde à ce dernier le droit de dissoudre la Chambre des députés. Notre pétition a pour but de le prier d'user de ce droit et de faire nommer une autre Chambre qui, elle, dotera la France de la Réforme judiciaire et d'une magistrature réelle qui ne dépendra plus du pouvoir.

Je ne m'en tiens pas là. Je m'adresse en même temps au peuple, le seul maître, le juge souverain, c'est-à-dire à tous les justiciables, pour les engager à me soutenir dans mes revendications, et alors il faudra bien que le pouvoir législatif actuel ou celui qui lui succédera tienne compte de ce mouvement populaire en faveur de cette réforme tant réclamée.

Ce n'est pas tout. Je prépare une brochure qui aura pour titre : *La Grève des Justiciables.*

Oui, chaque fois que nous aurons un procès à soutenir,

nous demanderons aux juges, en présence du refus de certains magistrats de remplir leurs fonctions, de surseoir à statuer jusqu'au jour du vote de la réforme judiciaire, sur les bases déterminées plus haut, et de la création d'une nouvelle magistrature.

Je ne négligerai aucun moyen de faire de l'agitation. Fort de la légitimité de ma cause, ayant pour moi le droit, la justice et la vérité, je réussirai certainement dans la lutte que j'entreprends.

— Mais, voyons, si le président de la République et le Peuple ne veulent rien faire, que ferez-vous ?

— Ce n'est pas possible, monsieur ; puis en l'admettant, les juges appelés à se prononcer sur mes conclusions du 27 octobre, se trouveront obligés de faire droit à toutes mes demandes, absolument conformes aux lois, et, s'ils ne le faisaient pas, la Cour de cassation ne pourrait faire autrement que de casser leur décision.

En ce qui concerne M. Carnot, je suis tranquille ; c'est un homme honnête, tout le monde le dit ; il ne voudra pas se compromettre en laissant se perpétuer un tel état de choses et en laissant la France sans magistrature réelle.

Quant au peuple, quant aux justiciables, je ne doute pas de leur intelligence et de leur honnêteté. Aussi, je suis certain qu'éclairés par votre ouvrage et par ma brochure *La Grève des Justiciables*, tous répondront à mon appel et quelle force nous aurons devant les Chambres avec plusieurs millions de signatures ! Il faudra bien alors, bon gré mal gré, que les législateurs fassent réellement œuvre de législateurs.

*
* *

M. Saulnier parle avec une telle conviction, avec un tel

enthousiasme que, sans partager son espoir, nous lui souhaitons le triomphe définitif.

LE PILORI

Mais, si nous avons espéré faire une œuvre utile en dévoilant quelques infamies, quelques dénis de justice, ce livre serait forcément incomplet si nous ne placions à la fin du volume les noms des magistrats infâmes et criminels, qui, sans souci du droit des gens, ont vendu la justice, ceux qui ont traîné leurs robes dans toutes les boues, quelquefois rouges du sang versé.

Les habitants de nos campagnes clouent aux portes des maisons les oiseaux de proie qu'ils tuent. Nous ne tuerons pas les juges aujourd'hui, ils seront eux-mêmes les instruments de leur destruction.

Mais, vivants encore, en possession de leur charge, ils seront attachés au pilori, traînant dans la vie le lourd boulet des infamies commises.

Audépin (Affaire de Panama), président du tribunal civil.

Baradat, procureur de la République (Affaire Gilly, Montpellier, actuellement à Agen).

Benoit-Lucy (Affaire Pagot).

Bertulus, président de la dixième chambre.

Bidault de Lisle, neuvième chambre (Affaire Hugelmann).

Bonneau, syndic de faillites.

Boucry, neuvième chambre (Affaire Hugelmann).

Brunet, liquidateur (Panama).

CHANTHIER, secrétaire de commissaire, emprunte de l'argent aux gens qu'il est chargé de poursuivre.

CLÉMENT, policier complaisant (Affaires Briquet, Mittler, etc.)

DESROSIERS, juge d'instruction (Affaire Briquet).

DUPONT, président, chambre des appels correctionnels.

FOUQUET, policier inquisiteur (Affaire Chatté).

GODET, juge-commissaire au tribunal de commerce.

LACOIN, avocat (Affaires Pagot et Panama).

LALMAND, policier à pots-de-vin.

LANGERON, avoué (Affaire Prenant).

LEFRANC, procureur de la République (Affaire Gilly, Bordeaux).

MANUEL, président de la deuxième chambre de la Cour d'appel (Affaire Hugelmann).

MERCIER, avoué (Affaire Hugelmann).

MIGNUCCI, procureur de la République, Narbonne (Affaire Borras).

MONSEVRIN, juge instructeur (même Affaire).

PERROT DE CHEZELLES, président (Affaire Pagot).

PRINET, juge d'instruction (Affaires Panama et Hugelmann).

RAISIN, président (Affaires Borras et Gilly, Montpellier).

ROSIER, président, Bordeaux (Affaire Gilly).

ROUUIIER, commissaire de police à pots-de-vin.

SANTINI, commissaire de police complaisant.

TOLTÉE (PAUL), président de la neuvième chambre.

VERDIER, procureur de la République, Montpellier.

VIBERT, président de la cour d'assises du Nord (Affaire Fourmies).

TABLE

Paris. — Imprimerie spéciale du *Voleur*/ E. Ollin, 7, rue Jeanne.